NEJLEPŠÍ SPRIEVODCA VÍNNYMI KOKTAILMI

100 RECEPTOV NA VÍNNY KOKTAIL NA UHASENIE LETNÉHO SMÄDU

HENRIETA KAPUSTOVÁ

Všetky práva vyhradené.

Vylúčenie zodpovednosti

Informácie obsiahnuté v tomto eBooku majú slúžiť ako komplexná zbierka stratégií, o ktorých autor tohto eBooku robil prieskum. Zhrnutia, stratégie, tipy a triky sú len odporúčaním autora a prečítanie tohto eBooku nezaručí, že jeho výsledky budú presne odzrkadľovať autorove výsledky. Autor eKnihy vynaložil všetko primerané úsilie, aby poskytol aktuálne a presné informácie pre čitateľov eKnihy. Autor a jeho spolupracovníci nenesú zodpovednosť za žiadne neúmyselné chyby alebo opomenutia, ktoré môžu byť zistené. Materiál v eKnihe môže obsahovať informácie tretích strán. Materiály tretích strán obsahujú názory vyjadrené ich vlastníkmi. Ako taký, autor eKnihy nepreberá zodpovednosť za žiadne materiály alebo názory tretích strán. Či už z dôvodu rozvoja internetu alebo nepredvídaných zmien v politike spoločnosti a usmerneniach na predkladanie redakčných príspevkov, to, čo je uvedené ako fakt v čase písania tohto článku, môže byť neskôr neaktuálne alebo nepoužiteľné.

Elektronická kniha je chránená autorským právom © 202 2 so všetkými právami vyhradenými. Je nezákonné redistribuovať, kopírovať alebo vytvárať odvodené diela z tejto eKnihy ako celku alebo jej častí. Žiadna časť tejto správy nesmie byť reprodukovaná ani opakovane prenášaná v akejkoľvek forme reprodukovaná alebo opakovane prenášaná v akejkoľvek forme bez písomného vyjadreného a podpísaného súhlasu autora.

OBSAH

OBSAH 3

ÚVOD 7

LAHOVANÉ VÍNA 9

   1.   Biele víno infúzne Sangria 10
   2.   Pomaranče a figy v korenenom červenom víne 13
   3.   Víno s kávou z badiánu 16
   4.   Ruža, jahoda a hroznové víno .... 19_
   5.   Ice Wine Broskyne 22
   6.   Víno 24
   7.   Domáce kiwi víno 27
   8.   Mango vo víne 29
   9.   Púpavové víno 31
  10.   Horúce jablkové víno 33
  11.   Pohár horúceho brusnicového vína pri krbe 36
  12.   Paprikové víno 39
  13.   Ananás v portskom víne 41
  14.   Víno z rebarbory 44
  15.   Horúce korenené víno 47
  16.   Víno s brusnicami 49
  17.   Víno s malinovou mätou 51
  18.   Víno naplnené láskou 53
  19.   Jablká na červenom víne 56
  20.   Bajanské korenie víno 59
  21.   Pomarančové dezertné víno 61
  22.   Pomaranč so sirupom z červeného vína 63
  23.   Pomarančové víno 65
  24.   Zázvorové víno 67

25. Varené víno 69
26. Chladnička na víno 71
27. Víno vaječný likér 73
28. Broskyňová chladnička na víno 76
29. Víno lúhované zeleným čajom 78
30. Osviežujúce víno daiquiri 80
31. Melónový a jahodový koktail 82
32. Vínový lesk s drahokamami 85
33. Rosemročné víno a čierny čaj 88
34. Spritzer zo šedého čaju .... Earl 91
35. Horká čokoláda napustená vínom 93
36. Brusnicovo-vínny punč 96

POTRAVINY 98

37. Ovocný a vínny kompót 99
38. Čokoládové hľuzovky 102
39. Zmrzlina s jahodami s 105
40. Melónová pena v muškátovom víne 108
41. Izraelský koláč z vína a orechov 111
42. Vínne sušienky 114
43. Egrešové víno fondue 116
44. Koláč a vínny puding g 119
45. Červené víno a čučoriedková granita 122
46. Melónové a čučoriedkové kupé 125
47. Limetkový koláč s vínnym krémom 128
48. Matzoh-vinové rolky 131
49. Moustokouloura 134
50. Pomarančovo-vínne oblátky 137
51. Pomarančový mandľový koláč 140
52. Slivkový koláč s crème fraiche 143
53. Brownies z červeného vína 146
54. Vanilková panna cotta 149

55.	Vínny koláč	152
56.	Zabaglione	155
57.	Zimné plody na červenom víne	157
58.	Čajový koláč s citrónom	160
59.	Víno a šafran Infúzne mušle	163
60.	Šľapky vo vínnej omáčke	166
61.	Halibut steaky s vínnou omáčkou	169
62.	Grécke mäsové rolky vo vínnej omáčke	172
63.	L šošovica s glazúrovanou zeleninou	175
64.	Halibut	178
65.	Bylinkové klobásy na víne	181
66.	Rybie závitky na bielom víne	184
67.	Bylinkové tofu v omáčke z bieleho vína	187
68.	Grilovaná chobotnica v marináde z červeného vína	190
69.	Zapečené sladké plantajny na víne	193
70.	Cestoviny v omáčke z citróna a bieleho vína	195
71.	Cestoviny s mušľami na víne	198
72.	Fetucín z červeného vína a olivy	201
73.	Orecchiette cestoviny a kuracie mäso	204
74.	Hovädzie mäso s omáčkou portobello	207
75.	Taliansky syr a klobása z červeného vína	210
76.	Huby a tofu na víne	213
77.	Marhuľovo-vínová polievka	216
78.	Hubová polievka s červeným vínom	218
79.	Borleves (vínna polievka)	221
80.	Višňovo-vínová polievka	224
81.	Dánska jablková polievka	226
82.	Brusnicový vínový želé šalát	229
83.	Dijonská horčica s bylinkami a vínom	232
84.	Bucatini napustené vínom	234
85.	Špargľa na víne	237
86.	Horčica, vo víne marinované kotlety z diviny	239

87.	Kuracie krídelká .... s vínnym dresingom 241	
88.	Oeufs en meurette	244
89.	Červené víno a hubové rizoto	247
90.	Červené víno gazpacho	250
91.	Ryža a zelenina na víne	253
92.	Baby losos plnený kaviárom	255
93.	Cesnakovo-vínový ryžový pilaf	258
94.	Baskická jahňacia pečienka s omáčkou z červeného vína 261	
95.	Hovädzie mäso dusené na víne barolo	264
96.	Dusená kaša na bielom víne	267
97.	Kalamáre v umido	270
98.	Dusené volské chvosty s červeným vínom	273
99.	Ryba vo vínnom kastróle	276
100.	Grilované bravčové kotlety zaliate vínom	279

ZÁVER 282

ÚVOD

Infúzia vína môže byť potešením a spestrením dobrého jedla, pitia a dobrého jedla! Po zahriatí vína zmizne obsah alkoholu, ako aj siričitany a zostane iba esencia, ktorá dodáva jemnú chuť.

Prvé a najdôležitejšie pravidlo: Pri varení používajte iba vína alebo nápoje, ktoré by ste pili. Nikdy nepoužívajte víno, ktoré by ste NEPILI! Ak nemáte radi chuť vína, nebude sa vám páčiť ani jedlo a nápoj, v ktorom sa rozhodnete ho použiť.

Nepoužívajte takzvané "vína na varenie!" Tieto vína sú typicky slané a obsahujú ďalšie prísady, ktoré ovplyvňujú chuť vami zvoleného jedla a menu. Proces varenia/redukovania prinesie v podradnom víne to najhoršie.

Víno má tri hlavné využitie v kuchyni – ako **prísada do marinády** , ako tekutina na varenie a ako dochucovadlo do hotového jedla.

Funkciou vína pri varení je zintenzívniť, zvýrazniť a zvýrazniť chuť a vôňu jedla – nie maskovať chuť toho, čo varíte, ale skôr ju posilniť.

Pre dosiahnutie najlepších výsledkov by sa víno nemalo pridávať do jedla tesne pred podávaním. Víno by sa malo dusiť s jedlom alebo omáčkou, aby sa zvýraznila chuť. Počas varenia by sa mala dusiť s jedlom alebo v omáčke; ako sa víno varí, redukuje sa a stáva sa extraktom, ktorý chutí.

Nezabúdajte, že víno nepatrí do každého jedla. Viac ako jedna omáčka na báze vína v jednom jedle môže byť monotónna. Použiť víno je varenie len vtedy, keď má čím prispieť k hotovému jedlu.

LAHOVANÉ VÍNA

1. Biele víno infúzne Sangria

Zložka

- 1/2 limetky
- 1/2 citróna
- 1 broskyňa
- 1/2 zeleného jablka
- 1,5 šálky vína

Pokyny :

a) Uistite sa, že víno má aspoň izbovú teplotu alebo mierne teplejšie.

b) Zľahka vydrhnite vonkajšiu časť limetky a citrónu a potom odstráňte kôru pomocou škrabky na zeleninu alebo kôry. Uistite sa, že sa oddelila aj malá alebo žiadna dreň, pomocou odlamovacieho noža ju odstráňte. Zľahka vydrhnite vonkajšiu časť jablka, potom z neho vyberte jadro a nakrájajte na hrubé kocky. Zľahka vydrhnite vonkajšiu stranu broskyne, odstráňte kôstku a dužinu nahrubo nakrájajte.

c) Všetky ingrediencie vložte do sifónu na šľahanie s vínom. Utesnite sifón na šľahanie, nabite ho a krúžte 20 až 30 sekúnd. Nechajte sifón odležať o minútu a pol dlhšie. Na vrch sifónu položte uterák a odvzdušnite ho. Otvorte sifón a počkajte, kým prestane bublanie.

d) V prípade potreby víno preceďte a pred použitím nechajte aspoň 5 minút odstáť.

2. Pomaranče a figy v korenenom červenom víne

Zložka

- 2 šálky červeného vína
- 1 šálka cukru
- 1 kus škoricovej tyčinky
- 4 badián; zviazané spolu s
- 4 struky kardamónu; zviazané spolu s
- 2 celé klinčeky
- 6 veľkých pupkových pomarančov; olúpané
- 12 Sušené figy; na polovicu
- ⅓ šálky vlašských orechov alebo pistácií; nasekané

Smery

a) Zmiešajte víno, cukor a bouquet garni v hrnci, ktorý je dostatočne veľký na to, aby obsahoval pomaranče a figy v jednej vrstve. Prikryté priveďte do varu na miernom ohni.

b) Pridajte figy a varte 5 minút. Pridajte pomaranče a otočte ich 3 až 4 minúty, pričom ich otáčajte, aby sa uvarili rovnomerne.

c) Vypnite oheň a nechajte pomaranče a figy vychladnúť v sirupe. Odstráňte ovocie do servírovacej misky. Sirup zredukujeme na polovicu a necháme vychladnúť. Zlikvidujte ozdobu na kyticu a lyžicu sirupu na figy a pomaranče.

3. Víno naplnené kávou badiánu

Zložka

Pre červené víno plné kávy

- 5 lyžíc pražených kávových zŕn
- 1 750 ml fľaša suchého talianskeho červeného vína
- 1 šálka vody
- 1 šálka cukru turbinado
- 12-hviezdičkový aníz

Na koktail

- 3 unce červeného vína naplneného kávou
- 1 unca Cocchi Vermouth di Torino, chladené
- 2 čajové lyžičky badiánového sirupu
- 2 čiarky Fee Brothers Aztec bitters
- Ľad (voliteľné)
- Obloha: škoricová tyčinka alebo citrónová kučera

Smery

a) Pre červené víno s kávou: Kávové zrná pridajte do fľaše vína, uzatvorte zátkou a lúhujte pri izbovej teplote 24 hodín. Pred použitím preceďte.

b) Na badiánový sirup: Priveďte vodu, cukor a badián do varu a miešajte, kým sa cukor nerozpustí. Odstráňte z tepla a nechajte lúhovať 30 minút. Preceďte a fľaškujte, uchovávajte v chlade.

c) Pre každý nápoj: v pohári na víno rozmiešajte víno s kávou, vermút Cocchi, badiánový sirup a čokoládové bitters. Ak chcete, pridajte ľad a ozdobte.

4. Ruža, jahoda a hroznové víno _

Zložka

- 100 g jahôd, olúpaných a nakrájaných na plátky
- 1 stredne veľký červený grapefruit, nakrájaný na kolieska
- 1 šípková vetvička, voliteľná (ak je sezóna)
- 1 ČL ružovej vody
- 700 ml ružového vína

Pokyny :

a) Jahody, nakrájaný grapefruit a ružovú vodu vložte do sterilizovanej pollitrovej sklenenej nádoby alebo fľaše a zalejte rosé. Nádobu pevne uzavrite a uložte cez noc do chladničky, pričom nádobou občas jemne zatrasiete, aby ste pomohli vylúhovať chute.

b) Keď ste pripravení podávať, preceďte rosé cez jemné sito vystlané mušelínom alebo čistú utierku J do veľkého džbánu a ovocie vyhoďte.

c) Pri podávaní pridajte do jedného množstva ružového, jahodového a červeného grapefruitového vína perlivú vodu a ozdobte lupeňmi ruží. Pre ružový Aperol spritz zmiešajte 200 ml vylúhovaného rosé s 25 ml Aperolu a ozdobte plátkom grapefruitu.

5. Ice Wine Peaches

Zložka

- 6 čerstvých broskýň, zbavených šupiek, kôstok a rozpolených
- ½ šálky cukru (125 ml)
- 1 šálka ľadového vína (250 ml)
- 1 šálka vody (250 ml)

Smery

a) V hrnci zmiešajte 1 šálku vody, cukor a ľadové víno a dusíme na miernom ohni, kým sa cukor nerozpustí. Sirup varte ďalšie 3 minúty, odstráňte oheň a odstavte, kým nie je potrebný.

b) Do sklenenej misky dáme polovice broskýň a na vrch nalejeme ľadový vínny sirup a dáme do chladničky, aby sa chute premiešali.

c) Podávame vychladené v malej miske a ozdobíme posypaním práškovým cukrom.

6. Víno s citrónom a rozmarínom

Zložka

- 1 fľaša bieleho vína Použil by som Sauvignon Blanc, Rulandské šedé, Rulandské šedé alebo Rizling
- 4 vetvičky čerstvého rozmarínu
- 3-4 dlhé kúsky citrónovej kôry, aby sa na nej nedostala biela dreň

Pokyny :

a) Otvorte si fľašu vína alebo použite fľašu, ktorá vám bola niekoľko dní v chladničke.

b) Očistite a osušte bylinky (v tomto prípade rozmarín).

c) Pomocou škrabky na zeleninu odstráňte 4-5 dlhých kúskov citrónovej kôry, pričom dávajte pozor, aby ste nezískali príliš veľa bielej smoly.

d) Do fľaše od vína pridajte rozmarín a citrónovú kôru.

e) Pridajte korok a vložte ho do chladničky cez noc až niekoľko dní.

f) Zlikvidujte citrónovú kôru a bylinky.

g) Vypite víno.

7. Domáce kiwi víno

Zložka

- 75 Zrelé kiwi
- 2 libry Červené hrozno, mrazené
- 12 uncí 100% hroznového koncentrátu
- 10 libier cukru
- 2 balenia droždia

Smery

a) Kiwi ošúpeme, roztlačíme s rozmrazeným hroznom, dáme cukor do karbohydrátu, úplne rozpustíme, pridáme roztlačené ovocie, hroznový koncentrát, vodu a droždie.

b) Fermentujte ako obvykle. toto je len prvá ochutnávka regálov

8. Mango vo víne

Zložka

- 12 zrelých mangov
- ⅔ litra červeného vína
- 130 gramov ricínového cukru
- 2 struky čerstvej vanilky

Smery

a) Odstráňte kožu z manga a nakrájajte na dve časti, odstráňte semená.

b) Umiestnite dutou stranou nahor do veľkej misy a podlejte vínom.

c) Pridajte cukor a vanilkové struky. Pečte 45 minút, nechajte vychladnúť a potom pred podávaním dobre vychlaďte.

9. Púpavové víno

Zložka

- 4 litre kvetov púpavy
- 4 litre vriacej vody
- 6 pomarančov
- 4 citróny
- 2 kváskové koláčiky
- 4 libry cukru

Smery

a) Kvety oparíme vo vriacej vode a necháme cez noc odstáť. Na druhý deň ráno preceďte, pridajte dužinu a šťavu zo 6 pomarančov, šťavu zo 4 citrónov, droždie a cukor.

b) Necháme kvasiť 4 dni, potom scedíme a fľaškujeme. Podávajte v malých pohároch pri izbovej teplote.

10. Horúce jablkové víno

Zložka

- ½ šálky hrozienok
- 1 šálka svetlého rumu
- 6 šálok jablkového vína alebo tvrdého jablčného muštu
- 2 šálky pomarančového džúsu
- ⅓ šálky hnedého cukru
- 6 celých klinčekov
- 2 tyčinky škorice
- 1 pomaranč, plátok

Smery

a) V malej miske namočte hrozienka do rumu na niekoľko hodín alebo cez noc.

b) Vo veľkom hrnci zmiešajte všetky ingrediencie a zahrievajte za častého miešania, kým sa cukor nerozpustí. Jemne dusíme do tepla. Nevarte. Podávajte v žiaruvzdorných punčových pohároch alebo hrnčekoch. Pripraví 9 šálok

11. Ohnivá šálka horúceho brusnicového vína

Zložka

- 4 šálky kokteilu z brusnicovej šťavy
- 2 šálky vody
- 1 šálka cukru
- 4 palce palice škorice
- 12 klinčekov, celých
- 1 kôra z 1/2 citróna, nakrájaná
- 1 prúžkov
- 2 Pätina suchého vína
- $\frac{1}{4}$ šálky citrónovej šťavy

Smery

a) V panvici zmiešajte brusnicovú šťavu, vodu, cukor, škoricu, klinčeky a citrónovú kôru. Priveďte do varu a miešajte, kým sa cukor nerozpustí.

b) Dusíme, odokryté, 15 minút, precedíme. Pridáme víno a citrónovú šťavu, dôkladne prehrejeme, ale NEVRIEME. Ak chcete, posypte každú porciu muškátovým orieškom.

12. Paprikové víno

Zložka

- 6 Paprika, červená, pálivá; čerstvé
- 1-litrový rum, svetlý

Smery

a) Celé papriky dáme do sklenenej nádoby a zalejeme rumom (alebo suchým sherry). Pevne prikryte viečkom a pred použitím nechajte 10 dní odstáť.

b) Použite niekoľko kvapiek do polievok alebo omáčok. Paprikový ocot sa vyrába rovnakým spôsobom.

c) Ak nie je k dispozícii čerstvá paprika, môže sa použiť celá, horká sušená paprika.

13. Ananás v portskom víne

Zložka

- 1 stredný očistený ananás (asi 2-1/2 libry)
- Jemne nastrúhaná kôra z 1 pomaranča
- Jemne nasekaná kôra z 1/2 grapefruitu
- 4 polievkové lyžice svetlohnedého cukru alebo podľa chuti
- $\frac{3}{4}$ šálky ananásovej šťavy
- $\frac{1}{2}$ šálky portského

Smery

a) Toto je obzvlášť dobrá liečba pre ananás, ktorý sa ukáže, že nie je taký sladký, ako by mal byť. Čím lepšie portské, tým lepší dezert. Pripravte si tento dezert deň vopred, aby ste mali tú najlepšiu chuť.

b) Ošúpte, nakrájajte ananás a zbavte ho jadier a nakrájajte na 1-palcové kocky alebo tenké plátky. Na panvici uvarte kôru, cukor a ananásovú šťavu. Varte, kým kôra nezmäkne, asi 5 minút. Kým je tekutina ešte teplá, pridajte kúsky ananásu a vmiešajte portské

c) Dajte do chladničky aspoň na 8 hodín alebo cez noc. Pred podávaním nechajte zohriať na izbovú teplotu, inak sa chute stratia.

14. Víno z rebarbory

Zložka

- 3 libry rebarbory
- 3 libry bieleho cukru
- 1 lyžička kvasnicovej živiny
- 1 galón horúcej vody (nemusí byť vriaca)
- 2 tablety Campden (drvené)
- Vínne kvasnice

Smery

a) Nasekajte stonky rebarbory a zmrazte ich v plastových vreckách na niekoľko dní predtým, ako pripravíte víno. Naozaj nechápem, prečo by to malo znamenať rozdiel, ale je to tak. Ak použijete čerstvú rebarboru, víno nikdy nevyjde tak dobre.

b) Treba mať trpezlivosť. Víno z rebarbory môže chutiť nezaujímavo v ôsmich mesiacoch a naozaj dobre v desiatich mesiacoch. Musíte to nechať zmäknúť.

c) Použite mrazenú nakrájanú rebarboru. Vložte ho do primárneho fermentora spolu s cukrom. Prikryte a nechajte stáť 24 hodín. Pridajte horúcu vodu, všetko spolu premiešajte a potom rebarboru sceďte b .

d) Kvapalinu vložte späť do primárneho fermentora a keď je vlažná, pridajte zvyšok prísady .

e) Prikryjeme a necháme tri-štyri dni kysnúť. Potom sifónujte tekutinu do galónových džbánov s fermentačnými uzávermi.

15. Horúce korenisté víno

Zložka

- ¼ litra bieleho alebo červeného vína (1 šálka plus 1 polievková lyžica) 6 kociek cukru alebo podľa chuti

- 1 každý celý klinček

- 1 malý kúsok citrónovej kôry

- Trochu tyčinkovej škorice

Smery

a) Zmiešajte všetky ingrediencie a zohrejte, sotva k bodu varu.

b) Nalejte do predhriateho pohára, zabaľte pohár do obrúska a ihneď podávajte.

16. Víno s obsahom brusníc

Zložka

- 2 c. suché biele víno, ako je Sauvignon Blanc alebo Chardonnay
- 1 c. čerstvé alebo mrazené rozmrazené brusnice

Smery

a) Do nádoby s tesne priliehajúcim vekom pridajte víno a brusnice.

b) Prikryte a niekoľkokrát pretrepte. Nechajte stáť pri izbovej teplote cez noc. Pred použitím preceďte; brusnice vyhodiť.

17. Víno s malinovou mätou

Zložka

- 1 šálka čerstvých malín
- 1 malý zväzok čerstvej mäty
- 1 fľaša bieleho vína suché alebo sladké, podľa toho, čo preferujete

Pokyny :

a) Vložte maliny a mätu do litrovej nádoby. Lyžičkou maliny mierne rozdrviť.

b) Nalejte celú fľašu vína na maliny a mätu, potom prikryte pokrievkou a umiestnite na pokojné miesto vo vašej kuchyni.

c) Nálev nechajte lúhovať 2-3 dni, potom maliny a mätu preceďte jemným sitkom a vychutnajte si!

18. Víno plné lásky

Zložka

- 1 sklenená nádoba s objemom 1 liter alebo 1 štvrtina
- 2 ČL škoricového prášku alebo 2 škoricové tyčinky
- 3 ČL prášku z koreňa zázvoru alebo čerstvého koreňa zázvoru olúpaného asi 1 palec dlhý
- možnosť 1 -- 1 palcový kúsok vanilkového struku alebo 1 ČL vanilkového extraktu
- alebo možnosť 2 -- 2 struky kardamónu + 2 badián
- 3 šálky červeného vína alebo jedna 750 ml fľaša

Pokyny :

a) Pridajte červené víno do pohára

b) Pridajte bylinné zložky

c) Miešajte, aby sa prísada zmiešala .

d) Umiestnite veko na nádobu. Vložte do chladnej a tmavej skrinky na 3-5 dní.

e) Dobre preceďte (alebo 2x) do inej nádoby alebo peknej sklenenej karafy. Je to pripravené!!!

19. Jablká v červenom víne

Zložka

- 1 kilogram Jablká (2 1/4 lb.)
- 5 decilitrov červeného vína (1 pinta)
- 1 Tyčinka škorice
- 250 gramov cukru (9 oz.)

Smery

a) Desať hodín vopred varte víno, škoricu a cukor na prudkom ohni 10 minút v širokom plytkom hrnci.

b) Jablká ošúpeme a pomocou melónovej guľôčky s priemerom asi 2,5 cm (1 palca) ich nakrájame na malé guľôčky.

c) Jablkové guľôčky vhoďte do horúceho vína. Nemali by sa prekrývať: preto potrebujete širokú, plytkú panvicu. Dusíme ich 5 až 7 minút prikryté hliníkovou fóliou, aby zostali ponorené.

d) Keď sú jablká uvarené, ale stále pevné, vyberte panvicu zo sporáka. Guľôčky jabĺk necháme macerovať v červenom víne asi 10 hodín, aby získali dobrú červenú farbu.

e) Podávanie: dobre vychladené, s kopčekom vanilkovej zmrzliny, alebo vo výbere studených ovocných dezertov.

20. Bajanské korenie víno

Zložka

- 18 "vínových paprík" alebo podobné množstvo malých červených paprík
- Barbadoský biely rum
- Sherry

Smery

a) Papriky zbavte stopiek a vložte do fľaše, potom zalejte rumom a nechajte dva týždne odstáť.

b) Precedíme a rozriedime na požadovanú "horkosť" sherry.

21. Oranžové dezertné víno

Zložka

- 5 pomarančov
- 2 citróny
- 5 litrov vína, suché biele
- 2 libry cukru
- 4 šálky brandy
- 1 každý vanilkový struk
- 1 každý kus (1/2) pomarančovej kôry, suchá

Smery

a) Nastrúhajte šupky z pomarančov a citrónov a rezervujte. Ovocie rozštvrtíme a vložíme do demižónu alebo inej veľkej nádoby (hrnček alebo sklo).

b) Prilejeme víno, pridáme nastrúhané šupky, cukor, brandy, vanilkový lusk a kúsok sušenej pomarančovej kôry.

c) Nádobu vyberte a uložte na 40 dní na chladnom tmavom mieste. Precedíme cez plátno a fľašu. Podávame vychladené.

22. Pomaranč so sirupom z červeného vína

Zložka

- 2 šálky Plne ochuteného červeného vína
- ½ šálky cukru
- 1 3" kus škoricovej tyčinky
- 2 stredné medové melóny alebo melóny s pomarančovou dužinou

Smery

a) V stredne nereaktívnej panvici zmiešajte víno, cukor a škoricu. Priveďte do varu na silnom ohni a varte, kým sa nezníži na polovicu, asi 12 minút.

b) Odstráňte škoricu a nechajte sirup vychladnúť na izbovú teplotu

c) Melóny rozpolíme priečne a semienka vyhodíme. Odrežte tenký plátok zo spodnej časti každej polovice melónu tak, aby sedel vzpriamene, a každú polovicu položte na tanier.

d) Nalejte sirup z červeného vína do polovice melónu a podávajte s veľkými lyžicami.

23. Oranžové víno

Zložka

- 3 námorné pomaranče; na polovicu
- 1 šálka cukru
- 1-litrové biele víno
- 2 stredné námorné pomaranče
- 20 celých klinčekov

Smery

a) V hrnci na strednom ohni vytlačte polovice pomaranča do hrnca, pridajte vytlačené pomaranče a cukor. Priveďte do varu, znížte teplotu na minimum a varte 5 minút. Odstráňte z tepla a úplne vychladnúť.

b) Preceďte do $1\frac{1}{2}$ litrovej nádoby, pomaranče stlačte zadnou stranou lyžice, aby sa uvoľnila všetka šťava. Primiešame víno. Klinčeky zapichneme do celých pomarančov. Pomaranče prekrojíme na polovice a pridáme do pohára.

c) Pevne zaistite veko a nechajte pôsobiť aspoň 24 hodín a až 1 mesiac.

24. Zázvorové víno

Zložka

- ¼ libry zázvoru
- 4 libry DC cukru
- 1 galón vody
- 2 lyžičky droždia
- ½ libry sušené ovocie
- ½ unce Mace

Smery

a) Rozdrvte zázvor a vložte do pohára. Pridajte všetky ostatné ingrediencie a nechajte 21 dní.

b) Kmeň a fľašu.

25. Varené víno

Zložka

- 1 fľaša červeného vína
- 2 pomaranče
- 3 tyčinky škorice
- 5 badián
- 10 celých klinčekov
- 3/4 šálky hnedého cukru

Pokyny :

a) Všetky ingrediencie okrem pomarančov dajte do stredne veľkého hrnca.

b) Ostrým nožom alebo škrabkou ošúpeme polovicu jedného pomaranča. Vyhnite sa lúpaniu čo najväčšieho množstva drene (bielej časti), pretože má horkú chuť.

c) Pomaranče odšťavte a pridajte do hrnca spolu s pomarančovou kôrou.

d) Na strednom ohni zmes zohrejte, až kým nebude v pare. Znížte teplotu na mierny var. Zahrievajte 30 minút, aby sa korenie vylúhovalo.

e) Víno precedíme a podávame do žiaruvzdorných pohárov.

26. Chladnička na víno

Zložka

- 1 porcia
- ¾ šálky limonády
- ¼ šálky suchého červeného vína
- Vetvička mäty
- Maraschino čerešňa

Smery

a) Vďaka tomu vznikne farebný a zároveň osviežujúci nápoj, ak sa tekutiny nezmiešajú. Nalejte limonádu na drvený ľad a potom pridajte červené víno.

b) Ozdobte vetvičkou mäty a čerešňou. Dobré na horúce dni.

27. Vínny vaječný likér

Výťažok: 20 porcií

Zložka

- 4 vaječné bielka
- 1 Piate suché biele víno
- ½ šálky čerstvej citrónovej šťavy
- 1 lyžica citrónovej kôry; strúhaný
- 1 šálka medu
- 6 šálok mlieka
- 1 liter Pol a pol
- 1 muškátový oriešok; čerstvo nastrúhaný

Smery

a) Z bielkov vyšľaháme tuhý sneh a odložíme bokom. Zmiešajte víno, citrónovú šťavu, kôru a med vo veľkom hrnci. Zahrievajte, miešajte, kým sa nezohreje, potom pomaly pridajte mlieko a smotanu.

b) Pokračujte v zahrievaní a miešajte, kým zmes nie je spenená; odstrániť z tepla. Primiešame sneh z bielkov a podávame v hrnčekoch s posypaním muškátovým orieškom.

28. Broskyňový chladič na víno

Zložka

- 16 uncí nesladených broskýň; rozmrazené
- 1 liter broskyňovej šťavy
- 750 mililitrov Suché biele víno; = 1 fľaša
- 12 uncí marhuľového nektáru
- 1 šálka cukru

Smery

a) V mixéri alebo kuchynskom robote pyré broskyne. V nádobe zmiešajte broskyne a zvyšnú zložku .

b) Prikryte a chladte 8 hodín alebo cez noc, aby sa chute prepojili. Uchovávajte v chladničke. Podávame vychladené.

29. Víno plné zeleného čaju

Zloženie :

- 8 vrchovatých čajových lyžičiek sypaného zeleného čaju
- 1 fľaša (750 ml) Sauvignon Blanc
- Jednoduchý sirup - voliteľné
- Sódová voda alebo limonáda - voliteľné

Pokyny :

a) Čajové lístky lúhujte priamo vo fľaši vína, najjednoduchšie to urobíte malým lievikom, aby sa lístky nedostali všade.

b) Vložte korok späť alebo použite zarážku na fľašu a potom ju vložte do chladničky cez noc alebo minimálne na 8 hodín.

c) Keď ste pripravení piť víno, preceďte listy pomocou sieťového sitka a znova nalejte do fľaše.

d) Pridajte jednoduchý sirup a sódu alebo limonádu podľa chuti - voliteľné.

30. Osviežujúce víno daiquiri

Zložka

- 1 plechovka (6-oz) mrazenej limonády
- 1 balenie (10 uncí) mrazených jahôd; mierne rozmrazené
- 12 uncí bieleho vína
- Kocky ľadu

Smery

a) Vložte limonádu, jahody a víno do mixéra.

b) Mierne premiešame. Pridajte kocky ľadu a pokračujte v mixovaní do požadovanej konzistencie .

31. Melónový a jahodový koktail

Zložka

- 1 Charentals Oregonský melón
- 250 gramov jahôd; umyté
- 2 čajové lyžičky kryštálového cukru
- 425 mililitrov Suché biele víno alebo šumivé víno
- 2 vetvičky mäty
- 1 čajová lyžička čierneho korenia; rozdrvený
- pomarančový džús

Smery

a) Melón nakrájajte na kúsky a odstráňte semená. Jahody rozpolíme a dáme do misky.

b) Odstráňte guľôčky melónu pomocou rezačky a vložte ich do misy. posypeme práškovým cukrom, nasekanou mätou a čiernym korením.

c) Zalejeme pomarančovou šťavou a vínom. Opatrne premiešajte a dajte do chladničky na 30 minút až 1 hodinu.

d) Pre prezentáciu vložte koktail do melónových škrupín alebo do prezentačného pohára.

32. Vínový lesk s drahokamami

Zložka

- 1 veľké citrónové želé
- 1 šálka vody, vriaca
- 1 šálka Voda, studená
- 2 šálky ružového vína
- ½ šálky zeleného hrozna bez semien
- ½ šálky čerstvých čučoriedok
- 11 uncí mandarínkových segmentov, scedených
- Listy šalátu

Smery

a) Vo veľkej miske rozpustite želé vo vriacej vode; vmiešame studenú vodu a víno. Ochlaďte, kým nezhustne, ale nestuhne, asi 1-½ hodiny. Poskladajte časti hrozna, čučoriedok a mandarínky.

b) Nalejte do jednotlivých formičiek alebo do olejom vymastenej formy na 6 pohárov. Dáme do chladničky asi na 4 hodiny alebo do stuhnutia. Na servírovanie vyklopte na taniere vyložené šalátom.

33. R osemročné víno a čierny čaj

Zložka

- 1 fľaša bordó; ALEBO... iné plné červené víno
- 1 liter čierneho čaju pref. Assam alebo Darjeeling
- ¼ šálky jemného medu
- ⅓ šálky cukru; alebo podľa chuti
- 2 pomaranče nakrájané na tenké plátky a semienkami
- 2 tyčinky škorice (3 palce)
- 6 celých klinčekov
- 3 vetvičky rozmarínu

Smery

a) Nalejte víno a čaj do kastróla, ktorý nepodlieha korózii. Pridajte med, cukor, pomaranče, korenie a rozmarín. Zahrievajte na miernom ohni, kým sa takmer nezaparí. Miešame, kým sa med nerozpustí.

b) Panvicu odstavte z ohňa, prikryte a nechajte odstáť aspoň 30 minút. Keď je pripravený na servírovanie, zohrejte, kým sa nezaparí a podávajte horúce

34. E arl Šedá čajová striekačka

Zložka

- 2 čajové vrecúška Ageed Earl Grey
- 1 kus čučoriedok
- Niekoľko vetvičiek čerstvej mäty
- ½ šálky agávového sirupu
- 1 fľaša šumivého bieleho vína
- 1 tácka na kocky ľadu

Smery

a) Priveďte dve šálky vody do varu a pridajte čajové vrecúška. Nechajte ich 10 minút lúhovať a do zmesi pridajte agávový sirup.

b) Do zmesi vmiešame plech s kockami ľadu a dáme do chladničky, kým nevychladne.

c) Po vychladnutí pridajte mätu a čučoriedky podľa chuti a šumivé víno a potom spolu premiešajte v džbáne.

d) Užite si to!

35. Horúca čokoláda napustená vínom

Zložka

- ½ šálky plnotučného mlieka
- ½ šálky pol a pol – nahraďte rovnakým dielom plnotučného mlieka a ľahko zahustenej smotany, ak nie je k dispozícii
- ¼ šálky/45 g kúskov horkej čokolády
- ½ šálky suchého červeného vína – najlepšie Shiraz
- Pár kvapiek vanilkového extraktu
- 1 polievková lyžica/15 ml cukru
- Malá štipka soli

Pokyny :

a) V hrnci na miernom ohni zmiešajte plnotučné mlieko, pol na pol, gombíky/lupienky horkej čokolády, vanilkový extrakt a soľ.

b) Neustále miešajte, aby sa čokoláda na dne nepripálila, kým sa úplne nerozpustí. Akonáhle je pekné a horúce, odstráňte ho z tepla a nalejte víno. Dobre premiešajte.

c) Ochutnajte horkú čokoládu a sladkosť upravte cukrom. Nalejte do hrnčeka s horúcou čokoládou a ihneď podávajte.

36. Brusnicovo-vínny punč

Zložka

- 1½ litra kokteilu z brusnicovej šťavy; chladené
- 4 šálky burgundského alebo iného suchého červeného vína; chladené
- 2 šálky nesladeného pomarančového džúsu; chladené
- Plátky pomaranča; (voliteľné)

Smery

a) Zmiešajte prvé 3 ingrediencie vo veľkej miske; dobre premiešajte.

b) V prípade potreby ozdobte plátkami pomaranča.

POTRAVINY PALOVANÉ VÍNOM

37. Ovocný a vínny kompót

Zložka

- 4 malé hrušky
- 1 oranžová
- 12 Vlhké sušené slivky
- A 2,5 cm; (1 palec) palica; škorica
- 2 semená koriandra
- 1 klinček
- ¼ bobkový list; (voliteľné)
- ⅓ Vanilkový struk
- 4 lyžice ricínového cukru
- 1½ šálky dobrého červeného vína

Smery

a) Hrušky ošúpeme, umyjeme a nakrájame na ½ cm (¼ palca) plátky.

b) Jemne vložte hrušky stopkou nahor do hrnca. Medzi hrušky vložte sušené slivky a pridajte škoricu, koriandrové semienka, klinček, bobkový list, vanilku a ricínový cukor.

c) Navrch poukladáme plátky pomaranča a pridáme víno. V prípade potreby pridajte vodu tak, aby bolo tekutiny akurát na zakrytie ovocia.

d) Priveďte do varu, stiahnite do varu a hrušky varte 25 až 30 minút, kým nezmäknú. Ovocie necháme vychladnúť v tekutine.

e) Odstráňte korenie a podávajte ovocie a tekutinu z atraktívnej servírovacej misky.

38. Čokoládové hľuzovky

Zložka

- 1 10-oz vrecko polosladkých čokoládových lupienkov
- 1/2 šálky hustej smotany na šľahanie
- 1 lyžica nesoleného masla
- 2 lyžice červeného vína
- 1 lyžička vanilkového extraktu
- Polevy: drvené údené mandle, kakaový prášok, rozpustená čokoláda a morská soľ

Pokyny :

a) Nasekajte čokoládu: Či už používate blok čokolády alebo čokoládové lupienky, budete ich chcieť nasekať, aby sa ľahšie roztopili.

b) Nasekanú čokoládu vložte do veľkej nerezovej alebo sklenenej misy.

c) Zahrejte smotanu a maslo: Zahrejte smotanu a maslo v malom hrnci na strednom ohni, kým nezačne vrieť.

d) Zmiešajte smotanu s čokoládou: Hneď ako tekutina začne vrieť, ihneď ju nalejte do misky s čokoládou.

e) Pridajte ďalšie tekutiny: Pridajte vanilku a víno a šľahajte do hladka.

f) Chladenie/Chladenie: Misku prikryte plastovou fóliou a vložte do chladničky asi na hodinu (alebo do mrazničky na 30 minút-1 hodinu), kým zmes nie je pevná.

g) Rolovať hľuzovky: Keď hľuzovky vychladnú, vydlabte ich pomocou melónovej guľky a zrolujte ich rukami. Toto bude zamotané!

h) Potom ich natrite požadovanými polevami. Milujem drvené údené mandle, kakaový prášok a rozpustenú temperovanú čokoládu s morskou soľou.

39. Zmrzlina s jahodami s

Zložka

- 2 pinty jahôd
- ¼ šálky cukru
- ⅓ šálky suchého červeného vína
- 1 celá tyčinka škorice
- ⅛ lyžičky Korenie, čerstvo pomleté
- 1-pintová vanilková zmrzlina
- 4 vetvičky čerstvej mäty na ozdobu

Smery

a) Ak sú jahody malé, nakrájajte ich na polovicu; ak sú veľké, nakrájajte na štvrtiny.

b) Zmiešajte cukor, červené víno a škoricu vo veľkej panvici; varte na stredne vysokej teplote, kým sa cukor nerozpustí, asi 3 minúty. Pridajte jahody a korenie; varíme, kým bobule mierne nezmäknú, 4 až 5 minút.

c) Odstráňte z tepla, vyhoďte škoricu a rozdeľte bobule a omáčku medzi jedlá;

podávajte s vanilkovou zmrzlinou a vetvičkou mäty, ak chcete.

40. Melónová pena v muškátovom víne

Zložka

- 11 uncí melónového mäsa
- ½ šálky sladkého muškátového vína
- ½ šálky cukru
- 1 šálka ťažkého krému
- ½ šálky cukru
- ½ šálky vody
- Rozmanité ovocie
- 1 ½ lyžičky želatíny
- 2 vaječné bielka
- 2 šálky sladkého muškátového vína
- 1 tyčinka škorice
- 1 vanilkový struk

Smery

a) V mixéri spracujeme dužinu melónu na hladké pyré.

b) Vložte želatínu a ½ šálky muškátového vína do malej panvice a priveďte do varu a dobre premiešajte, aby sa zabezpečilo, že sa želatína úplne rozpustí. Pridajte želatínovú zmes do pyré a dobre premiešajte. Dajte cez misku plnú kociek ľadu.

c) Medzitým si vyšľaháme bielka, postupne pridávame cukor, až kým nezhustne. Premiestnite penu do misky.

d) Na prípravu omáčky vložte cukor a vodu do strednej panvice, priveďte do varu a varte na miernom ohni, kým nezhustne a nezhnedne. Pridajte 2 šálky muškátového vína, škoricu, vanilkový lusk a prúžok pomarančovej kôry. Varte.

41. Izraelský koláč z vína a orechov

Zložka

- 8 vajec
- 1½ šálky granulovaného cukru
- ½ lyžičky Soľ
- ¼ šálky pomarančového džúsu
- 1 lyžica pomarančovej kôry
- ¼ šálky červeného vína
- 1¼ šálky tortového koláča Matzoh
- 2 lyžice zemiakového škrobu
- ½ lyžičky škorice
- ⅓ šálky mandlí; veľmi jemne nakrájané

Smery

a) Postupne zašľaháme 1¼ šálky cukru a soli do žĺtkovej zmesi, až kým nebude veľmi hustá a nebude mať svetlú farbu. Pridajte pomarančový džús, kôru a víno; šľahajte pri vysokej rýchlosti do hustej a svetlej, asi 3 minúty.

b) Preosejte jedlo, zemiakový škrob a škoricu; postupne vmiešame do pomarančovej zmesi, až kým nebude hladká. Vaječné bielky šľaháme pri najvyššej rýchlosti, kým bielka nevystoja maximum, ale nie sú suché.

c) Pusinky zľahka vmiešame do zmesi. Orechy jemne vmiešame do cesta.

d) Premeňte na nenamastenú 10-palcovú rúrkovú panvicu s dnom vyloženým voskovaným papierom.

e) Pečieme pri 325 stupňoch .

42. Vínne sušienky

Výťažok: 12 porcií

Zložka

- 1¼ šálky múky
- 1 štipka soli
- 3 unce Skrátenie; (Oleo)
- 2 unce cukru
- 1 vajce
- ¼ šálky Sherry

Smery

a) Pripravte sa ako na bežné sušienky, to znamená: zmiešajte suché ingrediencie a nakrájajte na oleo. Spojte vajcia a sherry a premiešajte, aby ste vytvorili mäkké cesto.

b) Vyvaľkáme na pomúčenej doske. Vykrajujte sušienky, uložte na plechy a posypte troškou cukru alebo múky. Pečieme 350, 8 až 10 minút.

43. Fondue z egrešového vína

Zložka

- 1½ libry egreše; s vrcholom a chvostom
- 4 unce kryštálového (granulovaného) cukru
- ⅔ šálky suchého bieleho vína
- 2 čajové lyžičky kukuričnej múky (kukuričný škrob)
- 2 polievkové lyžice Single (svetlá) smotana
- Brandy praskne

Smery

a) Niekoľko egrešov si nechajte na ozdobu, zvyšok potom prepasírujte cez sitko, aby ste vytvorili pyré.

b) V hrnci na fondue zmiešame dohladka kukuričnú múku so smotanou. Vmiešame egrešové pyré, potom za častého miešania zohrievame, kým nebude hladké a husté.

c) Ozdobte rezervovanými egrešmi a podávajte s brandy snaps.

44. Koláč a vínny puding g

Zložka

- Makrónky
- 1-litrové víno
- 3 vaječný žĺtok
- 3 Vaječný bielok
- Piškóta
- dámske prsty
- 1 lyžička kukuričného škrobu
- 3 lyžičky Cukor
- ½ šálky nasekaných orechov

Smery

a) Do kameninovej misky (naplňte asi do ½) vložte kúsky piškót, bábovky alebo podobného koláča. Pridajte niekoľko makróniek. Zahrejte víno. Kukuričný škrob a cukor spolu zmiešame a pomaly prilievame víno.

b) Vaječné žĺtky rozšľaháme a pridáme do vínnej zmesi. Varte asi 2 minúty.

Nalejeme na koláč a necháme vychladnúť. Po vychladnutí zalejeme tuhým snehom vyšľahaným bielkom a posypeme nasekanými muškátmi.

c) Pečieme pri 325-F niekoľko minút do hneda. Podávajte studené

45. Červené víno a čučoriedková granita

Zložka

- 4 šálky čerstvé čučoriedky
- 2 šálky cukrového sirupu
- 2 šálky burgandského alebo suchého červeného vína
- 4½ šálky cukru
- 4 šálky vody

Smery

a) Čučoriedky preceďte do veľkého hrnca so sitom, pričom zlikvidujte tuhé častice. Pridajte sirup a víno, zmes priveďte do varu, znížte teplotu a nechajte 3-4 minúty bez pokrievky variť. nalejte zmes do 8-palcovej štvorcovej misky, prikryte a zmrazte najmenej 8 hodín alebo kým nebude pevná.

b) Vyberte zmes z mrazničky a oškrabte celú zmes hrotmi vidličky, kým nebude nadýchaná. Lyžica do nádoby; prikryte a zmrazte až na jeden mesiac.

c) Základný cukrový sirup: Zmiešajte v hrnci a dobre premiešajte. Priveďte do varu, varte, kým sa cukor nerozpustí.

46. Melónové a čučoriedkové kupé

Zložka

- 1½ šálky suchého bieleho vína
- ½ šálky cukru
- 1 vanilkový struk; pozdĺžne rozdeliť
- 2 ⅓ šálky melónových kociek; (asi 1/2 melóna)
- 2 ⅓ šálky kociek medovky
- 2 ⅓ šálky kociek vodného melónu
- 3 šálky čerstvé čučoriedky
- ½ šálky nasekanej čerstvej mäty

Smery

a) Zmiešajte ½ šálky vína a cukru v malom hrnci. Nastrúhajte semená z vanilkového struku; pridajte fazuľu. Miešame na miernom ohni, kým sa cukor nerozpustí a sirup nebude horúci, asi 2 minúty. Odstráňte z tepla a nechajte lúhovať 30 minút. Odstráňte vanilkový lusk zo sirupu.

b) Zmiešajte všetko ovocie vo veľkej miske. Pridajte mätu a zvyšnú 1 šálku vína do

cukrového sirupu. Nalejte na ovocie.
Prikryte a dajte do chladničky aspoň na
2 hodiny.

c) Nalejte ovocie a trochu sirupu do
veľkých pohárov so stopkou.

47. Limetkový koláč s vínnym krémom

Zložka

- 1¼ šálky vychladenej smotany na šľahanie
- 6 lyžíc cukru
- 2 polievkové lyžice sladkého dezertného vína
- 1½ lyžičky čerstvej citrónovej šťavy
- 1 lyžica Jemne nasekaných vlašských orechov
- ¼ šálky cukru
- ½ lyžičky Soľ
- ¾ šálky chladeného nesoleného masla
- 2 veľké žĺtky a 4 veľké vajcia
- ½ šálky čerstvej limetkovej šťavy a 1 polievková lyžica nastrúhanej limetkovej kôry

Smery

a) Zmiešajte smotanu, cukor, víno a citrónovú šťavu v miske a šľahajte, kým sa nevytvoria mäkké vrcholy. Opatrne vmiešame orechy.

b) V procesore zmiešame múku, cukor a soľ. Pridajte maslo; zapnite/vypnite otáčky, kým zmes nebude pripomínať hrubú múku. V miske vyšľaháme žĺtky a vodu. Pridať do procesora; mixujte pomocou zapínania/vypínania, kým sa nevytvoria vlhké zhluky. Pečieme 20 minút.

c) Vajcia a cukor vyšľaháme v miske do svetlej a krémovej hmoty. Preosejte múku do vaječnej zmesi; metla spojiť. Pridajte cmar. Maslo rozpustíme s limetkovou šťavou a zašľaháme do vaječnej zmesi. Nalejte náplň do kôry.

48. Matzoh-vínne rolky

Zložka

- 8 štvorcov matzoh
- 1 šálka sladkého červeného vína
- 8 uncí polosladká čokoláda
- ½ šálky mlieka
- 2 lyžice kakaa
- 1 šálka cukru
- 3 lyžice brandy
- 1 čajová lyžička instantnej kávy v prášku
- 2 tyčinky margarínu

Smery

a) Rozdrvte maces a namočte do vína. Čokoládu roztopte s mliekom, kakaovým práškom, cukrom, brandy a kávou na veľmi miernom ohni.

b) Odstráňte z tepla a pridajte margarín. Miešame, kým sa neroztopí.

c) Pridajte matzoh do čokoládovej zmesi. Zmes rozdeľte na dve polovice. Každú polovicu vytvarujte do dlhého valčeka a pevne zabaľte do hliníkovej fólie. Dajte cez noc do chladničky, odstráňte hliníkovú fóliu a nakrájajte.

d) Vložte do papierových štyroch pohárov a podávajte.

49. Moustokouloura

Zložka

- 3½ šálky univerzálnej múky plus navyše na miesenie
- 2 čajové lyžičky sódy bikarbóny
- 1 polievková lyžica čerstvo mletej škorice
- 1 polievková lyžica čerstvo pomletých klinčekov
- ¼ šálky jemného olivového oleja
- 2 lyžice medu
- ½ šálky sirupu z gréckeho vínneho muštu
- ½ oranžová
- 1 šálka pomarančového džúsu

Smery

a) Preosejte múku, sódu bikarbónu, škoricu a klinčeky do veľkej misy, pričom v strede vytvorte jamku.

b) V menšej miske rozšľaháme olivový olej s medom, petimezi, nastrúhanou pomarančovou kôrou a ½ pomarančovej šťavy a nalejeme do jamky. Zmiešajte spolu a vytvorte cesto .

c) Vyklopte na pomúčenú dosku a miesime asi 10 minút, kým cesto nie je hladké, ale nie tuhé.

d) Odlamujte kúsky cesta, každý asi 2 polievkové lyžice, a rozvaľkajte na hady s priemerom asi ½ palca.

e) Pečte v rúre predhriatej na 375 F po dobu 10-15 minút - kým nie sú hnedé a chrumkavé, ale nie príliš tvrdé.

50. Oranžovo-vínne oblátky

Zložka

- 2 ½ lyžice pomarančovej kôry
- 2 šálky Cestoviny alebo viacúčelová múka
- ½ lyžičky Soľ
- 1 lyžička prášku do pečiva
- 2 lyžice (1/4 tyčinky) masla príp
- Margarín, zmäkčený
- ½ šálky bieleho vína

Smery

a) Predhrejte rúru na 350 ° F.

b) Na prípravu kôry zľahka nastrúhajte vonkajšiu kôru pomaranča na jemnom strúhadle na syre.

c) Vo veľkej miske zmiešajte múku, pomarančovú kôru, soľ a prášok do pečiva. Nakrájame maslo a pomaly prilievame víno .

d) Na pomúčenej doske preložíme ľavú tretinu cesta cez strednú tretinu. Rovnako prehnite pravú tretinu cez stred.

e) Cesto tentoraz rozvaľkajte o niečo tenšie, hrubé asi $\frac{1}{8}$ palca.

f) Ostrým nožom nakrájajte na 2-palcové štvorce.

g) Každý kreker prepichnite 2 alebo 3 krát hrotmi vidličky. Pečieme 15 až 20 minút, kým jemne nezhnedne.

51. Pomarančový mandľový koláč

Zložka

- ½ šálky nesoleného masla - (1 tyčinka); zmäkol
- 1 šálka granulovaného cukru
- 2 vajcia
- 2 lyžičky vanilky
- ½ lyžičky mandľového extraktu
- ¼ šálky mletých neblanšírovaných mandlí
- 2 čajové lyžičky strúhanej pomarančovej kôry
- 1½ šálky viacúčelovej múky; plus
- 2 polievkové lyžice univerzálnej múky
- 2 lyžičky prášok do pečiva
- 1 lyžička Soľ
- 1 šálka kyslej smotany
- 1 pinta maliny alebo jahody
- ½ šálky šumivého vína

Smery

a) Maslo a cukor spolu vyšľaháme do svetlej a nadýchanej hmoty.

b) Pridajte vajcia, vanilku, mandľový extrakt, mandle a pomarančovú kôru; šľahajte na minimum, kým sa nespojí. Preosejte múku, prášok do pečiva a soľ; pridávame striedavo do maslovej zmesi s kyslou smotanou.

c) Nalejte cesto do panvice; ľahkým poklepaním ju vyrovnáte. Pečieme asi 20 minút.

d) Nechajte 10 minút vychladnúť; vyberte z tortovej formy alebo odstráňte boky jarnej formy. Bobule posypte cukrom a potom zalejte dostatočným množstvom šumivého vína, aby poriadne navlhol.

e) Položte koláč na tanier, obklopte ho bobuľami a šťavou.

52. Slivkový koláč s crème fraiche

Zložka

- 10-palcová škrupina zo sladkého pečiva; až do 11
- 550 gramov sliviek; umyté
- 2 lyžice kryštálového cukru
- 125 mililitrov portského vína
- 1 vanilkový struk vyrežte stred
- ½ pinty krému
- 1 unca múky
- 2 unce cukru
- 2 vaječné žĺtky
- 2 Listová želatína; premočený

Smery

a) Slivky zbavíme jadierok a nakrájame na štyri časti. Puzdro na sladké pečivo upečieme naslepo a vychladíme.

b) Urobte si krémovú polievku zmiešaním vajec a cukru v miske nad horúcou vodou. Pridáme lyžicu smotany a postupne pridávame múku. Pridajte viac smotany a vložte do čistej panvice a znova zohrejte.

c) Položte poriadnu vrstvu krému na základňu cukrárskeho puzdra a zarovnajte pomocou paletového noža alebo plastovej škrabky.

d) Slivky poukladáme na cesto a pečieme v rúre 30-40 minút.

e) V portskom víne podusíme cukor a pridáme vanilkový lusk, tekutinu mierne zredukujeme. Pridajte listovú želatínu a mierne vychladnite. Koláč vyberte a vychlaďte, polejte portskou polevou a nechajte stuhnúť v chladničke. Nakrájajte a podávajte s crème fraiche.

53. Brownies z červeného vína

Zložka

- ¾ šálky (177 ml) červeného vína
- ½ šálky (60 g) sušených brusníc
- 1 ¼ (156 g) šálky univerzálnej múky
- ½ lyžičky morskej soli
- ½ šálky (115 g) slaného masla plus navyše na vymastenie
- 6 oz. (180 g) tmavej alebo polosladkej čokolády
- 3 veľké vajcia
- 1 ¼ šálky (250 g) cukru
- ½ šálky (41 g) nesladeného kakaového prášku
- ½ šálky (63 g) nasekaných vlašských orechov (voliteľné)

Pokyny :

a) V malej miske zmiešajte červené víno a brusnice a nechajte odležať 30 minút až hodinu, alebo kým nebudú brusnice kypré. Víno a brusnice môžete jemne zohriať na sporáku alebo v mikrovlnke, aby ste proces urýchlili.

b) Predhrejte rúru na 350 stupňov F. a namažte a vysypte múkou 8 x 8-palcovú panvicu.

c) V miske zmiešame múku a morskú soľ a dáme bokom.

d) V miske nad vriacou vodou zohrejte maslo a čokoládu, kým sa neroztopia a nezmiešajú.

e) Odstavte misku z ohňa a po jednom zašľahajte vajíčka. (Ak sa mi misa zdá veľmi horúca, možno ju budete chcieť nechať vychladnúť asi 5 minút pred pridaním vajec).

54. Vanilková panna cotta

Zložka

- Krém - 2 šálky
- Cukor plus 3 polievkové lyžice - 1/4 šálky
- Vanilkové struky - obe rozpolené, semienka vyškrabané z jednej - 1
- Vanilková pasta - 1/2 lyžičky
- Olej - 1 polievková lyžica
- Prášková želatína zmiešaná s 90 ml studenej vody - 2 lyžičky
- Punnetové jahody - 125 g
- Červené víno - 1/2 šálky

Pokyny :

a) V hrnci jemne zohrejte smotanu a 1/2 šálky cukru, kým sa všetok cukor nerozpustí. Odstavte z ohňa a vmiešajte vanilkový extrakt a 1 vanilkový lusk spolu so semienkami vyškrabanými z neho.

b) Želatínu prisypte do studenej vody vo veľkej miske a jemne premiešajte.

c) Zohriatu smotanu nalejte na želatínu a dôkladne miešajte, kým sa želatína nerozpustí. Zmes precedíme cez sitko.

d) Rozdeľte zmes medzi vymastené misky a nechajte vychladnúť, kým stuhne. Zvyčajne to bude trvať až 3 hodiny .

e) V hrnci zohrejte červené víno, 6 polievkových lyžíc cukru a zvyšný vanilkový lusk do varu.

f) Opláchnite, olúpte a nakrájajte jahody a pridajte do sirupu , potom lyžicou nalejte uvoľnenú panna cottu.

55. Vínny koláč

Zložka

- 140 gramov hladkej múky (5 oz.)
- 1 lyžička prášku do pečiva
- 60 gramov nesoleného masla (2 1/4 oz.)
- 1 čiarka Soľ
- 120 gramov kryštálového cukru (4 oz.)
- 1 lyžička mletej škorice
- 10 gramov hladkej múky (1/4 oz.)
- ½ lyžičky cukru
- 3 lyžice Mlieko
- 100 mililitrov Dobré suché biele víno
- 15 gramov masla (približne 1/2 unce)

Smery

a) Pečivo: múku, prášok do pečiva a zmäknuté maslo dáme do veľkej misy. Pridajte soľ a cukor. Pridajte mlieko .

b) Cesto naložte na dno formy.

c) Cukor, škoricu a múku spolu zmiešame. Touto zmesou natrieme celé dno torty. Cukrovú zmes zalejeme vínom a končekmi prstov premiešame.

d) Tortu pečieme v spodnej časti predhriatej rúry 15 ... 20 minút.

e) Pred vybratím z formy nechajte koláč vychladnúť.

56. Zabaglione

Zložka

- 6 vaječných žĺtkov
- ½ šálky cukru
- ⅓ šálky stredného bieleho vína

a) Vaječné žĺtky vyšľaháme elektrickým mixérom v hornej časti dvojitého kotla do peny. Postupne zašľaháme cukor. Do spodnej časti dvojitého bojlera nalejte len toľko horúcej vody, aby sa horná časť nedotýkala vody.

b) Varte vaječné žĺtky na strednom ohni; pomaly primiešame víno, pri vysokej rýchlosti šľaháme, kým nebude hladké, bledé a husté, aby stálo v mäkkých kôpkach.

c) Ihneď podávajte v pohároch s plytkou stopkou.

57. Zimné ovocie v červenom víne

Zložka

- 1 citrón
- 500 mililitrov červeného vína
- 450 gramov kryštálového cukru
- 1 vanilkový struk; na polovicu
- 3 Bobkové listy
- 1 tyčinka škorice
- 12 zrniek čierneho korenia
- 4 malé hrušky
- 12 Nenamáčané slivky
- 12 Nenamáčaných marhúľ

Smery

a) Odrežte prúžok citrónovej kôry a rozpolte citrón. Citrónovú kôru, cukor, víno, vanilkový lusk, bobkové listy a korenie dáme do veľkej nereaktívnej panvice a za stáleho miešania prevaríme.

b) Hrušky ošúpeme a potrieme odrezanou stranou citróna, aby sa zabránilo ich zafarbeniu. Sirup z červeného vína opäť privedieme do varu, stiahneme do mierneho varu a pridáme hrušky.

c) K hruškám pridáme sušené slivky a marhule. Nasaďte veko a nechajte úplne vychladnúť pred chladením cez noc.

58. Čajový koláč s citrónom

Zložka

- ½ šálky suchého červeného vína
- 3 lyžice čerstvej citrónovej šťavy
- 1 ½ lyžičky kukuričného škrobu
- 1 šálka čerstvých čučoriedok
- Štipka mletej škorice a muškátového oriešku
- ½ šálky nesoleného masla; izbová teplota
- 1 šálka cukru
- 3 veľké vajcia
- 2 lyžice strúhanej citrónovej kôry
- 2 lyžice čerstvej citrónovej šťavy
- 1 lyžička vanilkového extraktu
- 1½ šálky preosiatej tortovej múky
- ½ lyžičky prášku do pečiva a ¼ sódy bikarbóny
- ¼ lyžičky soli
- ½ šálky kyslej smotany

Smery

a) V strednom hrnci premiešajte vodu, cukor, suché červené víno, čerstvú citrónovú šťavu a kukuričný škrob.

b) Pridajte čučoriedky. Varte, kým omáčka nezhustne natoľko, aby pokryla zadnú stranu lyžice, za stáleho miešania asi 5 minút.

c) Vo veľkej miske vyšľaháme maslo a cukor, kým nebude nadýchaná. Po jednom zašľaháme vajcia. Primiešame nastrúhanú citrónovú kôru, citrónovú šťavu a vanilkový extrakt. Do stredne veľkej misy preosejte múku, prášok do pečiva, sódu bikarbónu a soľ.

d) Cesto nalejte do pripravenej formy na pečenie. Pečte a potom nechajte koláč vychladnúť na mriežke 10 minút.

59. Víno a šafran Infúzne mušle

Zložka

- 2 cibule, olúpané a rozpolené
- 2 červené chilli papričky, stopka odstránená
- 2 lyžice olivového oleja
- 1/2 ČL nití šafranu namočených v 2 polievkových lyžiciach horúcej vody
- 300 ml suchého bieleho vína
- 500 ml rybieho vývaru
- 2 lyžice paradajkovej pasty
- Vločky morskej soli a čerstvo mleté čierne korenie
- 1 kg čerstvých mušlí, fúzy odstránené a očistené
- Niekoľko vetvičiek tymiánu

Pokyny :

a) Pridajte cibuľu a chilli papričky do procesora.

b) Panvicu umiestnite na stredne nízky oheň, pridajte cibuľu a chilli papričky a za stáleho miešania varte 5 minút, kým sa cibuľa leskne a nezmäkne

c) Pridajte zmes šafranovej nite a varte 30 sekúnd. Pridajte víno, rybí vývar, paradajkový pretlak a dobre dochuťte soľou a korením. Priveďte do varu, znížte teplotu na minimum a varte 5 minút

d) Zvýšte teplotu na vysokú, keď omáčka vrie, pridajte mušle a vetvičky tymiánu. Zakryte pokrievkou a varte 3-5 minút za občasného potrasenia panvicou, kým sa mušle neotvoria

e) Ihneď podávame s chrumkavým chlebom

60. Skalops vo vínnej omáčke

Zložka

- 2 libry morské mušle
- 2 lyžice olivového oleja
- ¼ lyžičky vločiek feferónky
- 2 strúčiky cesnaku; najemno posekané
- 1 lyžica bieleho vína
- 1 polievková lyžica kari
- 1 malá paradajka; olúpané, zbavené semienok a nakrájané
- ¼ šálky ťažkej smotany
- 2 lyžice omáčky Tabasco
- Soľ a korenie podľa chuti
- 1 lyžica petržlenu; najemno posekané

Smery

a) Nalejte trochu olivového oleja na jednu z panvíc na vrchu sporáka. Potom pridajte vločky červenej papriky, cesnak a biele víno. Pridajte všetky morské mušle na panvicu. Panvicu prikryte a nechajte hrebenatky piecť na strednom/vysokom ohni, kým sa mušle nestanú pevné a nepriehľadné.

b) Odstráňte panvicu z ohňa a preneste mušle do veľkej servírovacej misy. Pridajte 1 polievkovú lyžicu oleja a kari do malého hrnca a varte 1-2 minúty.

c) Pridajte odloženú tekutinu z hrebenatky do hrnca s olejom a kari preceďte $\frac{3}{4}$ šálky cez gázu alebo kávový filter. Do toho istého hrnca pridajte kúsky paradajok, smotanu, Tabasco, soľ, korenie a petržlenovú vňať a zohrievajte 2 až 3 minúty.

61. Halibut steaky s vínnou omáčkou

Zložka

- 3 polievkové lyžice šalotky; nasekané
- 1½ libry steakov z halibuta; 1 palec hrubý, nakrájame na 4 palce
- 1 šálka suchého bieleho vína
- 2 stredné slivkové paradajky; nasekané
- ½ lyžičky sušeného estragónu
- ¼ lyžičky soli
- ⅛ lyžičky papriky
- 2 lyžice olivového oleja

Smery

a) Predhrejte rúru na 450 stupňov. Na dno 1-½ až 2-litrovej zapekacej misky posypte šalotkou. Rybu vložíme do plytkého pekáča a zalejeme vínom.

b) Rybu posypte nakrájanými paradajkami, estragónom, soľou a korením. Pokvapkáme olejom.

c) Pečieme 10 až 12 minút, kým ryba nebude po celom povrchu nepriehľadná. Rybu vyberte pomocou štrbinovej špachtle do servírovacej misky a ošúpte kožu.

d) Postavte pekáč (ak je kovový) nad horák sporáka alebo nalejte tekutinu a zeleninu do malého hrnca. Varte na vysokej teplote, kým sa omáčka mierne nezredukuje, 1 až 2 minúty. Nalejte omáčku na ryby a podávajte.

62. Grécke mäsové rolky vo vínnej omáčke

Zložka

- 2 libry chudého mletého hovädzieho alebo morčacieho mäsa
- 4 plátky Suchý biely toast, rozdrobený
- Cibuľa a cesnak
- 1 vajce, mierne rozšľahané
- 1 lyžica cukru
- Štipka soli, rasca, čierne korenie
- Múka (asi 1/2 C.)
- 1 plechovka (12 uncí) paradajkového pretlaku
- 1½ šálky suchého červeného vína
- 2 lyžičky Soľ
- Dusená ryža
- Nasekaný petržlen

Smery

a) Zmiešajte suchú prísadu, kým nebude dobre premiešaná a pevná.

b) Navlhčite si ruky v studenej vode a vytvarujte plné polievkové lyžice mäsovej zmesi do valčekov (polienok) dlhých asi 2-½" až 3". Každý valček zľahka potrieme múkou.

c) V hlbokej panvici zohrejte asi ½" oleja a niekoľko hnedých roliek naraz, dávajte pozor, aby ste ich nepreplnili. Zhnednuté rolky vyberte na papierové utierky, aby ste ich nechali odkvapkať.

d) V holandskej rúre vyšľaháme paradajkovú pastu, vodu, víno, soľ a rascu. Pridajte mäsové rolky do omáčky. Prikryjeme a dusíme 45 minút až jednu hodinu, kým mäsové rolky nie sú hotové. Ochutnajte omáčku a v prípade potreby pridajte soľ.

63. Lentils s glazovanou zeleninou

Zložka

- 1½ šálky francúzskej zelenej šošovice; triedené a opláchnuté
- 1 ½ čajovej lyžičky soli; rozdelený
- 1 Bobkový list
- 2 čajové lyžičky olivového oleja
- Cibuľa, zeler, cesnak
- 1 polievková lyžica Paradajková pasta
- ⅔ šálky Suchého červeného vína
- 2 lyžičky dijonskej horčice
- 2 lyžice masla alebo extra panenského olivového oleja
- Čerstvo mleté korenie podľa chuti
- 2 čajové lyžičky čerstvej petržlenovej vňate

Smery

a) Vložte šošovicu do hrnca s 3 šálkami vody, 1 lyžičkou. soľ a bobkový list. Priviesť do varu.

b) Medzitým si na strednej panvici zohrejte olej. Pridajte cibuľu, mrkvu a zeler, dochuťte ½ lyžičky. soľ a varte na stredne vysokej teplote za častého miešania, kým zelenina nezhnedne, asi 10 minút. Pridajte cesnak a paradajkovú pastu, varte ešte 1 minútu a potom pridajte víno.

c) Priveďte do varu a potom znížte teplotu a prikrytú varte, kým tekutina nie je sirupová.

d) Vmiešame horčicu a pridáme uvarenú šošovicu spolu s ich vývarom.

e) Dusíme, kým sa omáčka takmer nezredukuje, potom vmiešame maslo a dochutíme korením.

64. Halibut v zeleninovej omáčke

Zložka

- 2 libry halibuta
- ¼ šálky múky
- ½ lyžičky Soľ
- biele korenie
- 1 lyžica nasekanej petržlenovej vňate
- ¼ šálky olivového oleja
- 1 Rozdrvený strúčik cesnaku
- 1 Nakrájaná veľká cibuľa
- 1 strúhaná mrkva
- 2 stonky nakrájaný zeler
- 1 veľká nakrájaná paradajka
- ¼ šálky vody
- ¾ šálky suchého bieleho vína

Smery

a) Zmiešajte múku, soľ, korenie a petržlenovú vňať: vydlabte ryby so zmesou múky. Zahrejte olivový olej na panvici; pridáme halibuta a opečieme z oboch strán do zlatista.

b) Odstráňte z panvice a odložte. Pridajte cesnak, cibuľu, mrkvu a zeler na panvicu: restujte 10-15 minút, kým nezmäknú. Pridajte paradajky a vodu, varte 10 minút.

c) Odstráňte omáčku z tepla a nalejte do mixéra; pyré. Vmiešame víno. Vráťte sa na panvicu: vložte rybu do omáčky. Prikryjeme a dusíme 5 minút.

65. Bylinkové klobásky na víne

Zložka

- ½ libry talianska sladká klobása
- ½ libry talianska horúca klobása
- ½ libry Kielbasa
- ½ libry Buckhurst (teľacia klobása)
- 5 zelenej cibuľky, mletej
- 2 šálky suchého bieleho vína
- 1 polievková lyžica nasekaných čerstvých tymianových lístkov
- 1 polievková lyžica jemne nasekanej čerstvej petržlenovej vňate
- ½ čajovej lyžičky paprikovej omáčky Tabasco

Smery

a) Klobásy nakrájajte na ½-palcové kúsky. V hlbokej panvici na strednom ohni varte taliansku klobásu 3 až 5 minút, alebo kým jemne nezhnedne. Vypustite tuk. Pridajte zvyšnú klobásu a zelenú cibuľku a varte ďalších 5 minút.

b) Znížte teplotu na minimum, pridajte zvyšnú prísadu a za občasného miešania varte 20 minút. Ihneď podávajte alebo udržiavajte teplé v miske na odieranie. Podávame so špáradlami.

66. Rybie rolky na bielom víne

Zložka

- ⅔ šálka zeleného hrozna bez jadierok, rozpolená
- ¾ šálky suchého bieleho vína
- Štyri; (6 až 8 uncí)
- platýz bez kože
- ⅓ šálky mletej čerstvej petržlenovej vňate
- 1 lyžica mletého čerstvého tymiánu
- ¼ šálky mletej cibule
- 2 lyžice nesoleného masla
- 1 polievková lyžica univerzálnej múky
- ¼ šálky ťažkej smotany
- 1 čajová lyžička čerstvej citrónovej šťavy

Smery

a) V menšom kastróliku necháme polovičky hrozna macerovať vo víne 1 hodinu.

b) Filé pozdĺžne rozpolíme, dochutíme soľou, korením a olúpané strany posypeme petržlenovou vňaťou a tymianom. Každú polovicu filé v strede zvinieme s 1 odloženým hroznom a zaistíme dreveným špáradlom.

c) V menšom hrnci speníme na masle cibuľu , vmiešame múku a povaríme zápražku .

d) Pridajte smotanu, macerované hrozno, citrónovú šťavu, soľ a korenie podľa chuti a omáčku prevarte, miešajte 3 minúty.

e) Zlejte všetku tekutinu, ktorá sa nahromadila na tanieri, rybie rolky rozdeľte na 4 nahriate taniere a po lyžičkách na ne polejte omáčkou.

67. Bylinkové tofu v omáčke z bieleho vína

Zložka

- 2 polievkové lyžice (sójového) margarínu
- 1 ½ lyžičky múky
- ½ šálky (sójového) mlieka
- ½ šálky bieleho vína
- 1 klinček cibule
- 1 čiarka Mleté klinčeky
- 1 čiarka Soľ
- ½ libry alebo tak bylinkové tofu, nakrájané na kocky
- Tvoje obľúbené cestoviny, dosť

Smery

a) Na panvici rozpustíme margarín a zašľaháme múku. Trochu vychladnúť a potom prišľahať víno a (sójové) mlieko.

b) Do omáčky pridajte cibuľu, klinčeky a soľ a miešajte na miernom ohni, kým omáčka mierne nezhustne. Ak je príliš hustá, pridajte trochu vody. Pridáme tofu a dusíme, kým varíme cestoviny.

c) Podávajte tofu a omáčku na cestoviny, pričom cibuľu dajte tomu, kto ich má viac rád.

68. Grilovaná chobotnica v marináde z červeného vína

Zložka

- 2 Očistená 1 1/2-librová chobotnica
- Mrkva, zeler a cibuľa
- 2 Bobkové listy
- 2 lyžičky Soľ
- Celé zrnká čierneho korenia a sušený tymián
- 2 šálky červeného vína
- 3 polievkové lyžice extra panenského olivového oleja
- 3 lyžice octu z červeného vína
- 3 polievkové lyžice suchého červeného vína
- Soľ, čerstvé mleté čierne korenie
- 1 ⅓ šálky precedeného vývaru z chobotnice
- ¼ šálky extra panenského olivového oleja
- 1 lyžica citrónovej šťavy

- 2 lyžice masla

Smery

a) Vo veľkom hrnci zmiešajte chobotnicu, mrkvu, zeler, cibuľu, bobkový list, soľ, korenie, tymian, červené víno a vodu. Pomaly priveďte do varu .

b) Pripravte marinádu: v malej miske zmiešajte marinádu . Nalejte na chobotnicu a premiešajte, aby sa obalila.

c) Urobte omáčku: v malom hrnci zmiešajte precedený rezervný vývar, olivový olej, citrónovú šťavu a ocot. Vmiešame petržlenovú vňať.

d) Grilujte 4 minúty za častého otáčania, kým jemne nezuhoľnie a neprehreje sa.

69. Pečené sladké plantajny na víne

Zložka

- 4 ks Veľmi zrelé banány
- 1 šálka olivového oleja
- ½ šálky hnedého cukru
- ½ lyžičky mletej škorice
- 1 šálka sherry vína

Smery

a) Predhrejte rúru na 350 F. Odstráňte šupku z banánov a nakrájajte ich pozdĺžne na polovicu. Vo veľkej panvici zohrejte olej na stredne horúci a pridajte plantajny.

b) Varte ich, kým z každej strany jemne nezhnednú. Uložíme ich do veľkej zapekacej misy a všetko posypeme cukrom. Pridáme škoricu a podlejeme vínom. Pečte 30 minút, alebo kým nezískajú červenkastý odtieň.

70. Cestoviny v omáčke z citróna a bieleho vína

Zložka

- 1½ libry cestovín; tvoja voľba
- 1 celé kuracie prsia; varené, julienne
- 10 uncí špargle; blanšírované
- ¼ šálky masla
- ½ malej cibule
- 4 polievkové lyžice univerzálnej múky
- 2 šálky suchého bieleho vína
- 2 šálky kuracieho vývaru
- 12 lyžičiek citrónovej kôry
- 1 polievková lyžica čerstvého tymiánu; nasekané
- 1 polievková lyžica čerstvého kôpru; nasekané
- 3 lyžice dijonskej horčice
- Soľ a korenie; ochutnať
- Parmezán; strúhaný

Smery

a) Varte cestoviny a držte Varte kuracie prsia a blanšírujte špargľu; držať. Zohrejte maslo vo veľkom hrnci na stredne nízkej teplote. Pridajte cibuľu a restujte, kým nebude jemne hnedá a veľmi mäkká.

b) Pridajte múku a znížte teplotu na minimum. Miešajte, kým sa úplne nezmieša. Veľmi postupne prišľaháme biele víno a vývar.

c) Omáčku priveďte do varu a potom nechajte 10 minút variť. Vmiešame citrónovú kôru, tymián, kôpor, horčicu a dochutíme soľou a bielym korením. Pridajte uvarené a julienne kuracie mäso a špargľu.

71. Cestoviny s mušľami na víne

Zložka

- 1 libra mušlí (v škrupinách)
- Biele víno (dostatok na naplnenie veľkej plytkej panvice asi 1/2 palca)
- 2 veľké strúčiky cesnaku, nasekané nadrobno
- 2 lyžice olivového oleja
- 1 lyžička čerstvo mletého korenia
- 3 lyžice nasekanej čerstvej bazalky
- 1 veľká paradajka, nahrubo nakrájaná
- 2 libry cestovín

Smery

a) Slávky dôkladne umyte, stiahnite všetky fúzy a podľa potreby oškrabte škrupiny. Vložte do hrnca s vínom.

b) Pevne prikryte a duste, kým sa škrupiny neotvoria. Kým mušle trochu vychladnú, dajte na stredný oheň vínny vývar a pridajte cesnak, olivový olej, korenie, paradajky a bazalku.

c) Horúce linguini alebo fettucini polejte omáčkou a podávajte!

72. Fetucína z červeného vína a olivy

Zložka

- 2½ šálky múky
- 1 šálka semolinovej múky
- 2 vajcia
- 1 šálka suchého červeného vína
- 1 porcia lumache alla marchigiana

Smery

a) Príprava cestovín: Urobte jamku z múky a do stredu dajte vajcia a víno.

b) Pomocou vidličky vyšľaháme vajíčka a víno a začneme pridávať múku od vnútorného okraja jamky.

c) Začnite miesiť cesto oboma rukami pomocou dlaní.

d) Na stroji na cestoviny rozvaľkajte cestoviny na najtenší stupeň. Nakrájajte cestoviny na ¼ palca hrubé rezance ručne alebo strojom a odložte ich pod vlhkú utierku.

e) Priveďte 6 litrov vody do varu a pridajte 2 polievkové lyžice soli. Slimák zohrejte do varu a odstavte.

f) Cestoviny vložte do vody a varte, kým nezmäknú. Cestoviny sceďte a vložte do panvice so slimákmi, dobre premiešajte, aby sa obalili. Ihneď podávajte v teplej servírovacej mise.

73. Orecchiette cestoviny a kuracie mäso

Zložka

- 6 väčších kuracích stehien, vykostených a zbavených kože
- Soľ a čerstvo pomleté čierne korenie podľa chuti
- 2 polievkové lyžice olivového alebo repkového oleja
- ½ libry čerstvých húb Shiitake
- Cibuľa, cesnak, mrkva a zeler
- 2 šálky výdatného červeného vína
- 2 šálky zrelých paradajok, nakrájaných na kocky, zbavených semienok
- 1 čajová lyžička čerstvého tymiánu/čerstvej šalvie
- 4 šálky kuracieho vývaru
- ⅓ šálky jemne nasekanej petržlenovej vňate
- ½ libry cestovín Orecchiette, nevarené
- ¼ šálky nasekanej čerstvej bazalky

- ¼ šálky sušených paradajok
- Čerstvé bazalkové vetvičky
- Čerstvo oholené Asiago alebo parmezánový syr

Smery

a) Kurča okoreníme a rýchlo opečieme na prudkom ohni.

b) Pridajte šampióny, cibuľu, cesnak, mrkvu a zeler a restujte, kým nie sú veľmi jemne hnedé. Vráťte kurča na panvicu a pridajte víno, paradajky, tymián, šalviu a vývar a priveďte do varu. Vmiešame petržlenovú vňať a udržiavame v teple.

c) Pripravte cestoviny a podávajte. Ozdobte bazalkou a strúhaným syrom .

74. Hovädzie mäso s portobello omáčkou

Zložka

- 500 gramov chudého mletého hovädzieho mäsa
- ½ suché červené víno
- ½ lyžičky papriky; hrubú zem
- 4 lyžice syra Roquefort alebo stilton
- ¾ libier Portobellos; (375 g alebo 4 med)

Smery

a) Opečte mäso 2-4 minúty z každej strany

b) Nalejte ½ šálky vína a na karbonátky bohato pomelte korenie.

c) Znížte teplotu na strednú úroveň a dusíme bez pokrievky 3 minúty. Otočte karbonátky, rozdrobte syr a pokračujte v dusení bez pokrievky, kým sa syr nezačne topiť, asi 3 minúty.

d) Medzitým oddeľte stonky od klobúkov húb. Stonky a čiapky nahrubo nakrájajte.

e) Pridajte huby do vína na panvici a neustále miešajte, kým nie sú horúce.

f) Lyžičkou šampiňónov obložte karbonátky, potom ich polejte omáčkou.

75. Taliansky syr a klobása z červeného vína

Zložka

- 4 libry Bravčové mäso bez kostí, pliecko alebo zadok
- 1 polievková lyžica semienka feniklu rozdrvené v mažiari
- 2 bobkové listy, rozdrvené
- ¼ šálky petržlenovej vňate, nasekanej
- 5 Cesnak, lisovaný
- ½ lyžičky Korenie, červené, vločky
- 3 lyžičky Soľ, kóšer
- 1 lyžička čierneho korenia, čerstvo mletého
- 1 šálka strúhaného syra, parmezánu alebo romana
- ¾ šálky vína, červené
- 4 obaly na klobásy (asi

Smery

a) Mäso pomelieme v kuchynskom robote alebo v nástavci na mlynček na mäso Kitchen Aid k mixéru.

b) Zmiešajte všetky ingrediencie a nechajte 1 hodinu odstáť, aby sa chute spojili.

c) Naplňte klobásu do črievok pomocou nástavca na plnenie klobásy Kitchen Aid alebo si kúpte ruku s lievikom na klobásy.

76. Huby a tofu na víne

Zložka

- 1 polievková lyžica svetlicového oleja
- 2 strúčiky cesnaku, mleté
- 1 veľká cibuľa, nakrájaná
- 1½ libry šampiňónov, nakrájané na plátky
- ½ strednej zelenej papriky, nakrájanej na kocky
- ½ šálky suchého bieleho vína
- ¼ šálky Tamari
- ½ lyžičky strúhaného zázvoru
- 2 čajové lyžičky sezamového oleja
- 1 ½ lyžičky kukuričného škrobu
- 2 ks Koláče tofu, strúhané
- Drvené mandle

Smery

a) Svetlicu zohrejte vo woku. Keď je horúci, pridajte cesnak a cibuľu a duste na miernom ohni, kým cibuľa nie je priehľadná. Pridajte huby, papriku, víno, tamari, zázvor a sezamový olej. Zmiešať.

b) Kukuričný škrob rozpustite v malom množstve vody a premiešajte na panvici.

c) Vmiešame tofu, prikryjeme a dusíme ďalšie 2 minúty.

77. Marhuľovo-vínová polievka

Zložka

- 32 uncí Konzervované marhule; neodvodnené
- 8 uncí kyslej smotany
- 1 šálka Chablis alebo suchého bieleho vína
- ¼ šálky marhuľového likéru
- 2 lyžice citrónovej šťavy
- 2 čajové lyžičky vanilkového extraktu
- ¼ lyžičky mletej škorice

Smery

a) Zmiešajte všetky ingrediencie v nádobe elektrického mixéra alebo kuchynského robota, spracujte do hladka.

b) Prikryte a dôkladne vychlaďte. Nalejte polievku do jednotlivých polievkových misiek. Ozdobte ďalšou kyslou smotanou a mletou škoricou.

78. Hubová polievka s červeným vínom

Zložka

- 50 G; (2-3 unce) masla, (50 až 75)
- 1 veľká cibuľa; nasekané
- 500 gramov šampiňónov; nakrájané na plátky (1 libra)
- 300 mililitrov Suché červené víno; (1/2 pinty)
- 900 mililitrov Zeleninový vývar; (1 1/2 pinty)
- 450 mililitrov Dvojitý krém; (3/4 pinty)
- Malý zväzok čerstvej petržlenovej vňate; nakrájané nadrobno, do obloha

Smery

a) Rozpustite 25 g (1 oz) masla v malej panvici na miernom ohni a za častého miešania smažte cibuľu 2-3 minúty, kým nebude mäkká.

b) Zohrejte ďalších 25 g (1 oz) masla vo veľkej panvici na stredne nízkej teplote.

c) Pridajte huby a smažte ich 8-10 minút, kým nezmäknú.

d) Pridajte víno a varte ďalších 5 minút. Pridáme vývar a cibuľu a na miernom ohni dusíme domäkka, bez varu, 15 minút.

e) Keď je pripravená na podávanie, polievku jemne zohrejte na miernom ohni a vmiešajte smotanu.

79. Borleves (vínna polievka)

Zložka

- 4 šálky červeného alebo bieleho vína
- 2 šálky vody
- 1 lyžička strúhanej citrónovej kôry
- po 8 klinčekov
- 1 každá tyčinka škorice
- 3 vaječné žĺtky
- ¾ šálky cukru

Smery

a) Do hrnca nalejte víno a vodu. Pridajte nastrúhanú citrónovú kôru, klinčeky a škoricu. Dusíme na miernom ohni 30 minút.

b) Odstráňte z tepla a vyhoďte klinčeky a škoricu. V malej miske vyšľaháme drôtenou metličkou žĺtky. Po troškách pridávame cukor a ďalej šľaháme, kým nezhustne. Do horúcej polievky vmiešame žĺtkovú zmes.

c) Vráťte hrniec na oheň a priveďte k bodu varu. Nenechajte polievku vrieť, inak sa žĺtky rozmiešajú. Podávajte v horúcich hrnčekoch.

80. Višňovo-vínová polievka

Zložka

- 1 unca vykôstkovaných kyslých červených čerešní
- 1½ šálky vody
- ½ šálky cukru
- 1 polievková lyžica tapioky na rýchle varenie
- ⅛ lyžičky Mleté klinčeky
- ½ šálky suchého červeného vína

Smery

a) V 1½-litrovej panvici zmiešajte neodkvapkané čerešne, vodu, cukor, tapioku a klinčeky. Nechajte stáť 5 minút. Priveďte do varu.

b) Znížte teplo; prikryjeme a za občasného miešania dusíme 15 minút.

c) Odstráňte z tepla; vmiešame víno. Zakryte a vychladzujte, občas premiešajte. Pripraví 6 až 8 porcií.

81. dánska jablková polievka

Zložka

- 2 väčšie jablká zbavené jadrovníka, nastrúhané
- 2 šálky vody
- 1 tyčinka škorice (2")
- 3 celé klinčeky
- ⅛ lyžičky soli
- ½ šálky cukru
- 1 lyžica kukuričného škrobu
- 1 šálka čerstvé slivky, neošúpané a nakrájané na plátky
- 1 šálka čerstvých broskýň, olúpaných a nakrájaných
- ¼ šálky portského vína

Smery

a) Zmiešajte jablká, vodu, škoricu, klinčeky a soľ v stredne veľkom hrnci.

b) Zmiešajte cukor a kukuričný škrob a pridajte do zmesi jabĺk.

c) Pridáme slivky a broskyne a dusíme, kým tieto plody nezmäknú a zmes mierne nezhustne.

d) Pridajte portské víno .

e) Jednotlivé porcie zavrite kúskom ľahkej kyslej smotany alebo odtučneného vanilkového jogurtu.

82. Brusnicový vínový želé šalát

Zložka

- 1 veľké balenie. malinový želé
- 1¼ šálky vriacej vody
- 1 veľká plechovka celá brusnicová omáčka
- 1 veľká plechovka nevyčerpaná drvená
- Ananás
- 1 šálka nasekaných orechov
- ¾ šálky portského vína
- 8 uncí smotanového syra
- 1 šálka kyslej smotany
- Želé rozpustíme vo vriacej vode. Dôkladne premiešajte brusnicovú omáčku.

Smery

a) Pridajte ananás, orechy a víno. Nalejte do sklenenej misky s rozmermi 9 x 13 palcov a chladte 24 hodín.

b) Keď je pripravený na podávanie, miešajte smotanový syr do mäkka, pridajte kyslú smotanu a dobre prešľahajte. natrieť na vrch Jello .

83. Dijonská horčica s bylinkami a vínom

Zložka

- 1 šálka dijonskej horčice
- ½ lyžičky bazalky
- ½ lyžičky estragónu
- ¼ šálky červeného vína

Smery

a) Zmiešajte všetky ingrediencie.

b) Pred použitím nechajte cez noc v chladničke, aby sa premiešali chute. Uchovávajte v chladničke.

84. Bucatini s infúziou vína

Zložka

- 2 lyžice olivového oleja, rozdelené
- 4 pikantné bravčové párky na taliansky spôsob
- 1 veľká šalotka, nakrájaná na plátky
- 4 strúčiky cesnaku, mleté
- 1 lyžica údenej papriky
- 1 štipka kajenského korenia
- 1 štipka drvených vločiek červenej papriky
- Soľ, podľa chuti
- 2 šálky suchého bieleho vína,
- 1 (14,5 unce) plechovka pečených nakrájaných paradajok
- 1 libra bucatini
- 1 lyžica nesoleného masla
- 1/2 šálky čerstvo nastrúhaného parmezánu
- 1/2 šálky nasekanej čerstvej petržlenovej vňate

Pokyny :

a) Vo veľkom hrnci alebo holandskej rúre zohrejte na strednom ohni 1 polievkovú lyžicu olivového oleja. Pridajte klobásu a varte, kým nezhnedne, asi 8 minút.

b) Pridajte cesnak a varte ešte jednu minútu. Keď je cesnak voňavý a dozlatista, pridajte údenú papriku, kajenské korenie a vločky červenej papriky. Dochutíme soľou a korením .

c) Potrite panvicu vínom, pričom zo spodnej časti panvice zoškrabte všetky hnedé kúsky.

d) Pridajte opečené paradajky nakrájané na kocky a vodu a priveďte do varu. Pridajte bucatini a varte .

e) Keď sú cestoviny uvarené , vmiešame odloženú klobásu, maslo, parmezán a nasekanú petržlenovú vňať.

f) Dochuťte soľou a korením a užívajte si!

85. Špargľa vo víne

Zložka

- 2 libry špargle
- Vriaca voda
- ¼ šálky masla
- ¼ šálky bieleho vína
- ½ lyžičky Soľ
- ¼ lyžičky papriky

Smery

a) Špargľu umyjeme a odlomíme konce. Položte oštepy do plytkej panvice a zakryte ich osolenou vriacou vodou. Priveďte do varu a varte 8 minút.

b) Scedíme a premeníme na maslom vymastené ramekiny. Maslo rozpustíme a primiešame víno. Nalejte na špargľu. Posypeme soľou, korením a syrom. Pečieme pri 425' 15 minút.

86. Horčica, vo víne marinované kotlety z diviny

Zložka

- 4 karibu alebo jelenie kotlety
- ¼ lyžičky papriky
- 1 lyžička Soľ
- 3 lyžice kamennej mletej horčice
- 1 šálka červeného vína

Smery

a) Kotlety potrieme horčicou. Posypte soľou a korením. Podlejeme vínom a necháme cez noc marinovať v chladničke.

b) Grilujte alebo grilujte na drevenom uhlí až po stredne riedke polievanie marinádou.

87. C kuracie krídelká s vínnym dresingom

Zložka

- 8 Kuracích krídel
- ¼ šálky kukuričného škrobu
- 2 lyžičky Soľ
- 1 šálka olivového oleja
- 1 šálka estragónového vínneho octu
- ¾ šálky suchého bieleho vína
- ½ lyžičky suchej horčice
- Sušená bazalka, estragón, oregano a biele korenie
- Olej na vyprážanie
- Soľ korenie
- 1 malá paradajka
- ½ strednej zelenej papriky
- ½ malej cibule nakrájanej na tenké kolieska

Smery

a) Kurča v kukuričnom škrobe zmiešanom s 2 lyžičkami soli a bieleho korenia.

b) Na ťažkej panvici zohrejte olej do hĺbky ½ palca a smažte kurča do zlatista a mäkkého, asi 7 minút na každej strane.

c) Na prípravu dresingu kombinujte olej, ocot, víno, cesnak, horčicu, cukor, bazalku, oregano a estragón. Dochutíme soľou a korením.

d) Plátky paradajok, zeleného korenia a koliesok cibule zmiešame s dresingom a dobre premiešame.

88. Oeufs en meurette

Zložka

- Šalotka; 6 olúpaných
- 2½ šálky vína Beaujolais; plus
- 1 lyžica vína Beaujolais
- 2 biele huby; rozštvrtený
- 3 plátky slaniny; 2 nahrubo nakrájané
- 4 plátky francúzskeho chleba
- 3 lyžice masla; zmäkol
- 2 strúčiky cesnaku; 1 celý, rozbitý,
- Plus 1 najemno pomletá
- 1 Bobkový list
- ½ šálky kuracieho vývaru
- 1 ¼ lyžičky múky
- 1 lyžica octu z červeného vína
- 4 veľké vajcia
- 1 lyžica petržlenu

Smery

a) Opečte šalotky, kým nie sú dobre zhnednuté, a podlejte ich ½ šálkou vína. Pridajte huby na panvicu; vložíme na 5 minút pod horúci brojler, pridáme nahrubo nakrájanú slaninu a opekáme.

b) Pripravte croutes: Plátky chleba potrieme roztlačeným strúčom cesnaku a uložíme na plech. Grilovať.

c) Vajcia dusíme 2 minúty, kým nestuhnú.

d) Vajíčka zalejeme omáčkou, posypeme petržlenovou vňaťou a ihneď podávame.

89. Červené víno a hubové rizoto

Zložka

- 1-unca Porcini huby; sušené
- 2 šálky vriacej vody
- 1½ libry húb; krémová alebo biela
- 6 lyžíc nesoleného masla
- 5½ šálky kuracieho vývaru
- 6 uncí Pancetta; Hrúbka 1/4 palca
- 1 šálka cibule; jemne nasekané
- Čerstvý rozmarín a šalvia
- 3 šálky ryže Arborio
- 2 šálky suchého červeného vína
- 3 lyžice čerstvej petržlenovej vňate; jemne nasekané
- 1 šálka parmezánu; čerstvo

Smery

a) V malej miske namočte porcini na 30 minút do vriacej vody.

b) Pancettu varte na miernom ohni. Za stáleho miešania pridajte nadrobno nakrájané kreminové alebo biele huby, zvyšné lyžice masla, cibuľu, rozmarín, šalviu a podľa chuti soľ a korenie, kým cibuľa nezmäkne. Vmiešame ryžu a varíme .

c) Pridajte 1 šálku vareného vývaru a za stáleho miešania varte, kým sa nevstrebe.

90. Gazpacho z červeného vína

Zložka

- 2 plátky bieleho chleba
- 1 šálka studenej vody; viac v prípade potreby
- 1 libra Veľmi zrelé veľké paradajky
- 1 Červená paprika
- 1 stredná uhorka
- 1 strúčik cesnaku
- ¼ šálky olivového oleja
- ½ šálky červeného vína
- 3 lyžice octu z červeného vína; viac v prípade potreby
- Soľ a korenie
- 1 štipka cukru
- Kocky ľadu; (na servírovanie)

Smery

a) Chlieb dáme do misky, zalejeme vodou a necháme nasiaknuť. Paradajky zbavte jadierok , priečne ich prekrojte a vydlabte semienka. Dužinu nakrájajte na veľké kúsky.

b) Zeleninu rozmixujte v kuchynskom robote na pyré v dvoch dávkach, do poslednej pridajte olivový olej a namočený chlieb. Vmiešame víno, ocot, soľ, korenie a cukor.

c) Lyžičkou nalejte do misiek, pridajte kocku ľadu a na vrch klaďte pásik z uhorkovej šupky.

91. Ryža a zelenina vo víne

Zložka

- 2 lyžice oleja
- 1 každá cibuľa, nakrájaná
- 1 stredná cuketa, nakrájaná
- 1 stredná mrkva, nakrájaná
- 1 každý stonkový zeler, nakrájaný
- 1 šálka dlhozrnnej ryže
- $1\frac{1}{4}$ šálky zeleninového vývaru
- 1 šálka bieleho vína

Smery

a) V hrnci rozohrejeme olej a opražíme cibuľu. Pridajte zvyšok zeleniny a miešajte na strednom ohni, kým jemne nezhnedne.

b) Pridajte ryžu, zeleninový vývar a biele víno, prikryte a varte 15-20 minút, kým sa neabsorbuje všetka tekutina.

92. Baby losos plnený kaviárom

Zložka

- ½ šálky Olej, olivový
- 1 libra Kosti, losos
- 1 libra masla
- 2 šálky Mirepoix
- 4 Bobkové listy
- Oregano, tymian, korenie, biele
- 4 polievkové lyžice pyré, šalotka
- ¼ šálky koňaku
- 2 šálky vína, červeného
- 1 šálka vývaru, ryba

Smery

a) Na panvici zohrejte olivový olej.

b) Pridajte kosti z lososa na panvicu a duste asi 1 minútu.

c) Pridajte maslo (asi 2 polievkové lyžice), 1 šálku mirepoix, 2 bobkové listy, ¼ čajovej lyžičky tymiánu, ¼ čajovej lyžičky korenia a 2 polievkové lyžice šalotkového pyré. Pridajte koňak a plameň.

d) Zalejte 1 šálkou červeného vína a varte na vysokej teplote 5 až 10 minút.

e) Roztopte maslo. Pridajte 2 lyžice šalotkového pyré, 1 šálku mirepoix, 2 bobkové listy, ¼ lyžičky korenia, ¼ lyžičky oregana, ¼ lyžičky tymiánu a 3 šálky červeného vína.

f) Deglaze Kmeň a rezerva.

93. Cesnakovo-vínový ryžový pilaf

Zložka

- 1 kôra z 1 citróna
- 8 strúčikov cesnak, olúpaný
- ½ šálky petržlenu
- 6 polievkových lyžíc nesoleného masla
- 1 šálka obyčajnej ryže (nie instantnej)
- 1¼ šálky kuracieho vývaru
- ¾ šálky suchého vermutu
- Soľ a korenie podľa chuti

Smery

a) Nasekajte spolu citrónovú kôru, cesnak a petržlenovú vňať.

b) Maslo zohrejte v ťažkom 2-qt hrnci. Cesnakovú zmes veľmi jemne varte 10 minút. Vmiešame ryžu.

c) Miešajte na strednom ohni 2 minúty. Zmiešajte vývar a víno v hrnci. Vmiešame do ryže; pridáme soľ a čerstvo mleté korenie.

d) Prehoďte cez hrniec uterák a zakryte ho, kým nie je čas na servírovanie.

e) Podávajte horúce alebo pri izbovej teplote .

94. Baskická jahňacia pečeň s omáčkou z červeného vína

Zložka

- 1 šálka suchého červeného vína
- 1 lyžica octu z červeného vína
- 2 čajové lyžičky mletého čerstvého cesnaku
- 1 Bobkový list
- ¼ lyžičky soli
- 1 libra jahňacej pečene
- 3 lyžice španielskeho olivového oleja
- 3 plátky slaniny, nasekané
- 3 lyžice Jemne nakrájané talianske
- Petržlen

Smery

a) V sklenenej nádobe na pečenie zmiešajte víno, ocot, cesnak, bobkový koláč a soľ. Pridáme pečeň a dobre natrieme marinádou.

b) Pridajte slaninu a varte, kým nezhnedne a nebude chrumkavá. Nechajte odkvapkať na papierových utierkach.

c) Odstráňte pečeň z marinády a osušte. Pečeň opečte na panvici 2 minúty z každej strany. Odstráňte na vyhrievaný tanier.

d) Nalejte marinádu do horúcej panvice a varte, kým sa nezredukuje na polovicu. Kúsky slaniny rozložíme na pečeň, polejeme marinádou a posypeme petržlenovou vňaťou.

95. Hovädzie mäso dusené na víne barolo

Zložka

- 2 strúčiky cesnaku, nasekané
- 3½ libry hovädzieho mäsa, spodné guľaté alebo skľučovadlo
- Soľ korenie
- 2 bobkové listy, čerstvé alebo sušené
- Tymián, sušený, štipka
- 5 šálok vína, Barolo
- 3 lyžice masla
- 2 lyžice olivového oleja
- 1 cibuľa, stredná, jemne nakrájaná
- 1 mrkva, jemne nakrájaná
- 1 stonkový zeler nakrájaný nadrobno
- ½ libry Huby, biele

Smery

a) Cesnak votrieme do mäsa. Dochutíme soľou a korením. Vložte mäso do veľkej misy. Pridajte bobkové listy, tymian a toľko vína, aby zakrylo mäso.

b) Vo veľkom ťažkom kastróle rozpustite 2 lyžice masla s olejom. Keď sa maslo spení, pridáme mäso. Opečte mäso zo všetkých strán na strednom ohni.

c) Vyberte mäso z kastróla. Do kastróla pridáme cibuľu, mrkvu a zeler. Duste, kým jemne nezhnedne. Vráťte mäso do kastróla. Odloženú marinádu nalejte cez sitko na mäso.

d) Na strednej panvici roztopte 1 lyžicu masla. Huby orestujeme na prudkom ohni do zlatista. Pridajte huby k mäsu a varte ešte 5 minút.

96. Dusený šrot na bielom víne

Zložka

- ¾ šálky olivového oleja; plus
- 2 lyžice olivového oleja
- 1½ libry filé z šrotu; nakrájame 2x 2 kusy
- ¼ šálky múky na bagrovanie; ochutené
- 1 čajová lyžička Bayou blast
- 1 lyžička nasekaného cesnaku
- ½ šálky hrušky alebo cherry paradajok
- ¼ šálky olív Kalamata; nakrájané na plátky
- 2 šálky voľne zabalených listov oregana
- ¼ šálky suchého bieleho vína
- 1 lyžička nasekanej citrónovej kôry

Smery

a) V ochutenej múke utrite kúsky rýb, prebytočné množstvo vytraste.

b) Všetky kúsky rýb opatrne vložíme do rozpáleného oleja a opekáme 2 minúty.

c) Vo veľkej panvici zohrejte zvyšné 2 lyžice olivového oleja na strednom ohni. Pridajte nakrájaný cesnak a varte 30 sekúnd. Vložte rybu do panvice s paradajkami, olivami Kalamata, čerstvým oreganom, bielym vínom, citrónovou kôrou, vodou a soľou a korením.

d) Prikryte a varte 5 minút na strednom ohni. Omáčku podávame naberanú na rybe.

97. Kalamáre v umido

Zložka

- 16 malých kalamárov, čerstvé
- ¼ šálky olivového oleja, extra panenského
- 1 lyžica cibule; nasekané
- ½ lyžičky cesnaku; nasekané
- ¼ lyžičky červenej papriky; rozdrvený
- ⅓ šálky Chardonnay
- ¼ šálky rybieho vývaru
- 3 petržlenové vetvičky, talianske; nasekané
- Soľ korenie

Smery

a) Očistite a ošúpte chobotnice, ak to ešte neurobil trh s rybami. Zahrejte olivový olej na panvici na strednom ohni.

b) Na stredne vysokej teplote restujte 30 sekúnd cibuľu, cesnak a drvenú papriku , potom pridajte nakrájané kalamáre a všetky ostatné ingrediencie .

c) Priveďte panvicu do varu a varte asi tri minúty, kým sa omáčka nezredukuje asi o jednu tretinu. Podáva dve predjedlá alebo štyri predjedlá.

98. Dusené hovädzie chvosty s červeným vínom

Zložka

- 6 libier Oxtails
- 6 šálok červeného vína
- ½ šálky červeného vínneho octu
- 3 šálky cibule Cipollini alebo Pearl Cibuľa
- 1½ šálky zeleru, nakrájaného na plátky
- 2 šálky mrkvy, nakrájanej na plátky
- 1 lyžička borievky
- ½ lyžičky čierneho korenia
- Kóšer soľ, čierne korenie
- ⅓ šálky múky
- ¼ šálky olivového oleja
- ⅓ šálky paradajkovej pasty
- 2 lyžice petržlenu

Smery

a) Vložte hovädzie chvosty do veľkej nereaktívnej misky. Pridajte víno, ocot, cibuľovú cibuľu, zeler, mrkvu, borievky, korenie a petržlen.

b) Opražte hovädzie chvosty zo všetkých strán na oleji 10 až 15 minút .

c) Vráťte hovädzie chvosty do panvice s marinádou, borievkami, korením a 2 šálkami vody, miešajte paradajkovú pastu, kým sa nerozpustí. Prikryté pečieme 2 hodiny.

d) Pridajte odloženú zeleninu. Podusíme a dochutíme korením

99. Ryby vo vínnej kastróle

Zložka

- 2 lyžice masla alebo margarínu
- 1 stredná cibuľa, nakrájaná na tenké plátky
- ½ šálky suchého bieleho vína
- 2 libry filé z halibuta
- Mlieko
- 3 lyžice múky
- Soľ korenie
- 8½ unce malý hrášok z plechovky, scedený
- 1½ šálky čínskych vyprážaných rezancov

Smery

a) Roztopte maslo. Pridajte cibuľu a odkrytú zohrievajte v mikrovlnnej rúre 3 minúty . Pridajte víno a ryby a zohrejte.

b) Vypustite šťavu z panvice do odmerky a pridajte toľko mlieka na šťavu z panvice na 2 šálky.

c) Roztopte 3 polievkové lyžice masla alebo margarínu v mikrovlnnej rúre na 30 sekúnd.

d) Vmiešame múku, soľ a korenie. Postupne vmiešame odloženú rybiu tekutú zmes.

e) Zahrejte nezakryté v mikrovlnnej rúre 6 minút za častého miešania, kým nezhustne a nebude hladká. Pridajte hrášok do omáčky.

f) Pridajte omáčku k rybám v kastróle a jemne premiešajte. Zahrievajte nezakryté v mikrovlnnej rúre 2 minúty. Rybu posypeme rezancami a zohrejeme . Podávajte

100. Grilované bravčové kotlety s vínom

Zložka

- 2 (16 uncí) fľaše červeného vína na varenie Holland House®
- 1 polievková lyžica nasekaného čerstvého rozmarínu
- 3 strúčiky cesnaku, mleté
- ⅓ šálky baleného hnedého cukru
- 1 ½ lyžičky stolovej soli
- 1 lyžička čerstvo mletého korenia
- 4 (8 uncí) stredom nakrájané bravčové kotlety s hrúbkou 3/4 palca
- 1 čajová lyžička ancho čili prášku

Smery

a) P náš varenie vína do nekovovej nádoby. Pridajte cukor, soľ a korenie; miešame, kým sa cukor a soľ nerozpustia. Vmiešame vychladnutý chuťový nálev.

b) Bravčové kotlety vložte do slaného nálevu tak, aby boli úplne ponorené.

c) Predhrejte gril na stredne nízku teplotu, 325-350 stupňov F.

d) Grilujte 10 minút; otočte a grilujte 4-6 minút .

e) Vyberieme, prikryjeme fóliou a pred podávaním necháme 5 minút odpočívať.

ZÁVER

Moderní tvorcovia receptov trávia veľa času propagovaním domácich nálevov, tinktúr a jedál s vínom. A z dobrého dôvodu: Vlastné sirupy a likéry umožňujú barom vytvárať charakteristické koktaily, ktoré nie je možné vždy napodobniť.

Väčšinu ingrediencií možno použiť na zaliatie vínom. Avšak zložky, ktoré majú prirodzený obsah vody, ako čerstvé ovocie, majú tendenciu dosahovať lepší výkon.

Výber je však na vás a experimentovanie je súčasťou zábavy. Čokoľvek vyskúšate, výsledky budú príjemné!

www.ingramcontent.com/pod-product-compliance
Lightning Source LLC
Chambersburg PA
CBHW070644120526
44590CB00013BA/841